Mana Takahashi
Shoko Azuma
TREND-PRO Co., Ltd.

Informatik-Manga Datenbanken

T0222845

Original Japanese edition published as
Manga de Wakaru Database
(Manga Guide: Databases)
Written by Mana Takahashi
Illustration by Shoko Azuma
Produced by TREND-PRO Co., Ltd.
Copyright © 2005 by Mana TAKAHASHI and TREND-PRO Co., Ltd.
Published by Ohmsha, Ltd.
3-1 Kanda Nishikicho, Chiyodaku, Tokyo, Japan
German edition copyright © 2010
By Vieweg+Teubner Verlag
Translation rights arranged with Ohmsha, Ltd.

Mana Takahashi
Shoko Azuma
TREND-PRO Co., Ltd.

Informatik-Manga Datenbanken

STUDIUM

Deutsch von: Dr. Sandra Hohmann

VIEWEG+ TEUBNER

Bibliografische Information der Deutschen Nationalbibliothek
Die Deutsche Nationalbibliothek verzeichnet diese Publikation in der
Deutschen Nationalbibliografie; detaillierte bibliografische Daten sind im Internet über
<http://dnb.d-nb.de> abrufbar.

1. Auflage 2010

Alle Rechte vorbehalten
© Vieweg+Teubner Verlag | Springer Fachmedien Wiesbaden GmbH 2010

Lektorat: Ulrich Sandten | Kerstin Hoffmann

Vieweg+Teubner Verlag von Springer Fachmedien.
Springer Fachmedien ist Teil der Fachverlagsgruppe Springer Science+Business Media..
www.viewegteubner.de

Umschlaggestaltung: KünkelLopka Medienentwicklung, Heidelberg
Druck und buchbinderische Verarbeitung: STRAUSS GMBH, Mörlenbach
Gedruckt auf säurefreiem und chlorfrei gebleichtem Papier.

ISBN 978-3-8348-0983-4

Vorwort

Datenbanken sind von entscheidender Bedeutung für computerbasierte Geschäftssysteme. Einige Leser ziehen die Einbindung einer Datenbank in ihr System vielleicht gerade in Erwägung. Andere entwickeln gerade solch ein Geschäftssystem. Datenbanken unterstützen solche Systeme im Verborgenen, und sie sind nicht ganz einfach zu verstehen.

Dieses Buch soll es den Lesern ermöglichen, sich Wissen über Datenbanken mithilfe eines Mangas anzueignen. Am Ende jedes Kapitels sind einige praktische Übungen zu finden, die dabei helfen, das Gelernte zu verstehen und anzuwenden. Diese Übungen sind vor allem für angehende IT-Ingenieure hilfreich. Jedes Kapitel ist so aufgebaut, dass die Leser nicht nur Wissen über Datenbanktechnologien erwerben, sondern auch überprüfen können, welche Inhalte sie verstanden haben.

Das Buch ist wie folgt aufgebaut:

Kapitel 1 beschreibt die Notwendigkeit einer Datenbank. Warum ist eine Datenbank notwendig? Welche Probleme können entstehen, wenn man keine Datenbank einsetzt? Es wird vermittelt, welche Umgebung für den Einsatz einer Datenbank erforderlich ist.

Kapitel 2 stellt die grundlegenden Begriffe einer Datenbank vor. Dabei lernen wir auch Begriffe kennen, die im Zusammenhang mit Datenbanken nicht so bekannt sind.

In Kapitel 3 wird der Entwurf einer Datenbank beschrieben. Genauer gesagt schauen wir uns an, wie eine relationale Datenbank derzeit aussieht.

In Kapitel 4 lernen wir die Datenbanksprache SQL zur Verwaltung einer relationalen Datenbank kennen. Der Einsatz von SQL erlaubt es, Daten in einer Datenbank ohne Probleme zu handhaben.

Kapitel 5 stellt die Strukturen eines Datenbanksystems vor. Mithilfe einer Datenbank können viele Personen auf Daten zugreifen. Wir lernen die Strukturen eines solchen Systems kennen und erfahren, wie man Daten mit einem Datenbanksystem teilen kann.

In Kapitel 6 stellen wir schließlich Anwendungen von Datenbanken vor. Das beinhaltet webbasierte Datenbanken ebenso wie andere.

Dieses Buch konnte nur dank der Anstrengung und Unterstützung vieler Personen veröffentlicht werden: Shoko Azuma hat die Cartoons gezeichnet, TREND-PRO die Produktion übernommen und Ohmsha die Planung, Veröffentlichung und das Marketing.

Ihnen allen gilt mein tiefer Dank.

Ich hoffe, dass dieses Buch für die Leser hilfreich ist.

November 2005

Mana Takahashi

Inhalt

Kapitel 3 Entwerfen wir eine Datenbank!   49

Kapitel 4 Wir benutzen eine Datenbank – Grundlagen von SQL   85

Kapitel 5 Wir setzen die Datenbank ein — 129

Kapitel 6 Datenbanken einsetzen und verteilen 177

Anhang

Kapitel 1

Was ist eine Datenbank?

Hmm...

Die Arbeit mit den Abteilungen kommt mir nicht ganz optimal vor.

Als neulich der Preis für Äpfel gestiegen ist, war es wirklich ernst für uns.

Prinzessin Ruruna!

Was ...?

Schock!

Oh, Cain, du bist es. Was ist denn los?

Von meinem Vater?

Ein Geschenk des Königs!

Wenn sie im Schloss bleiben würden, hätte ich nicht all diese Probleme!

Prinzessin?

Wollt ihr wirklich gehen?

Schüttel

Sie sieht ja ganz harmlos aus ...

Ja ...

Lassen wir das!

Ruruna und Cain haben das Buch geöffnet, ...

... um etwas über Datenbanken zu erfahren, oder?

Wo du das so sagst ...

Gut, dann legen wir los!

Wir entwerfen eine Datenbank!

Einen Moment!

Das ist vielleicht eine blöde Frage, aber ...

... was ist eigentlich eine Datenbank?

Oh, du weißt ja noch gar nicht, was es ist.

Du hast doch mit vielen Zahlen oder Werten zu tun, oder?

Ja, aber ich finde es etwas schwierig ...

Ich muss nämlich mit Zahlen zurechtkommen, die mit Produkten oder Kunden oder Verkäufen zu tun haben, ...

... und zwar mithilfe von Akten, die ich für jede Abteilung anlege.

Produkt

Kunden

Verkauf

Oh, das klingt so, als wären die Abteilungen nicht miteinander verbunden ...

Mhm...

Die Daten werden also in jeder Abteilung nochmals notiert, oder?

Hm, hm

Äpfel: 100 G

Äpfel: 100 G

Äpfel: 100 G

Waren

Übersee

Export

Im Königreich Kodo heißt die Währung G wie Gold, glaube ich. Stimmt das?

Ja, richtig.

Äpfel: 100 G

Äpfel: 100 G

Und es stimmt auch, dass jede Abteilung ihre eigenen Daten hat.

Kolone sagt zwar, ...

... dass das ein effizientes System sei, ...

... aber ehrlich gesagt ist es nicht so toll.

Es gibt manchmal einfach Probleme damit.

Darf ich dich noch mal daran erinnern, dass es neulich sehr ernst war?

Ja, als Äpfel plötzlich teurer wurden.

Der Preis stieg von 100 G gleich auf 120 G an!

Plötzlicher Preisanstieg

Hm? Hm?

Ich habe jeder Abteilung eine Nachricht geschickt, dass sie den Preis anpassen sollen ...

Erhöhen Sie den Preis auf 120 G!

Aber?

Eine Abteilung hat völlig vergessen, den Preis anzuheben!

Schock!

Ich hab's verpennt!

Ich hab nur kurz die Augen zugemacht!

Übersee

Äpfel bleiben bei 100 G

Nicht nur das!

Es war total gruselig!

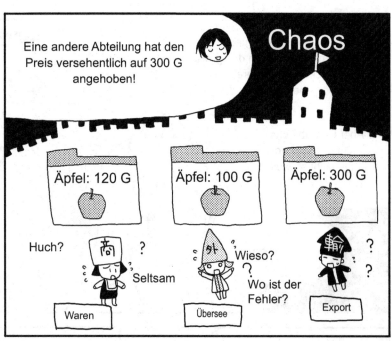

Eine andere Abteilung hat den Preis versehentlich auf 300 G angehoben!

Chaos

Äpfel: 120 G

Äpfel: 100 G

Äpfel: 300 G

Huch?

? Seltsam

Waren

Wieso?

Wo ist der Fehler?

Übersee

? ?

Export

Und dann stimmte vorne und hinten nichts mehr, oder?

Seufz

Hahaha

Völlig richtig.

Cain musste dann durch das ganze Königreich laufen ...

... und die Preise korrigieren.

Ja, genau ...

Äpfel: 120 G

Der Preis für Äpfel ist falsch!

Bitte korrigieren Sie den Preis!

Oh, Mann!

Cain rannte durch die Gegend

Mein Vater sagte:
„Lass uns irgendwann das große ‚Obstpflücken im Königreich Kodo' beginnen!"

Aber ich habe das Gefühl, wir sind noch lange nicht so weit.

Er hat leicht reden!

Willkommen im Land der Früchte!

Lass uns ein neues System für unsere Geschäfte einführen!

Selbst wenn wir jetzt eine neue Geschäftsidee umsetzen, machen uns die Daten wirklich zu schaffen.

Daten wären durcheinander ...

Verstehe, du müsstest wieder für jede Abteilung neue Akten anlegen ...

Und damit würde ich schon wieder mehr Arbeit haben statt endlich mal weniger!

Aaaahhhh

Ganz ruhig!

Wenn du wirklich jedes Mal einen neuen Eintrag machen und eine Bestätigung schreiben musst, ist das echt viel Arbeit!

Selbst wenn du nur arbeitest, machen die Daten dich völlig fertig, stimmt's?

Stapel

Mit einer Datenbank kann man diese ganzen Daten teilen – das heißt, alle Abteilungen könnten darauf zugreifen!

Dann müsstest du nicht dauernd diese nutzlosen Akten anlegen.

Tataa!

Tatsächlich?

Du meist, eine Datenbank wäre effizienter als unser System?

Nicht schlecht, oder? Wir sollten uns das genauer an-schauen!

Ja!

Also, ich weiß nicht viel darüber ...

Aber dann kannst du ja eigentlich auch alles gleich erledigen!

...

Haha!

Ich habe leider keinen physischen Körper, des-halb kann ich in eurer Welt keine Computer bedienen.

Sorry!

Schon gut!

Aber dafür, dass du mich aus dem staubigen Buch befreit hast, ...

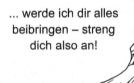

... werde ich dir alles beibringen – streng dich also an!

Aber ich habe Ehrgeiz!

Für mich und für mein Königreich!

Auf geht's!

Oh, Prinzessin!

Wie sieht es derzeit im Königreich aus?

Im Königreich Kodo gibt es schon ein System, um Daten zu handhaben. Allerdings ist das System etwas problematisch. Schauen wir es uns genauer an, um seine Schwächen zu erkennen.

Es gibt derzeit im Königreich drei Abteilungen: die Warenabteilung, die Überseeabteilung und die Exportabteilung. Die Warenabteilung vermarktet die Früchte, die im Königreich angebaut und geerntet werden. Die Überseeabteilung beschäftigt sich mit Geschäftspartnern und die Exportabteilung kümmert sich schließlich um die Ausfuhr der Produkte.

Daten werden dupliziert

Prinzessin Ruruna ist mit dem aktuellen System nicht zufrieden. Aber warum ist das eigentlich so?

Jede Abteilung im Königreich handhabt die Daten in eigener Verantwortung. Beispielsweise erfassen sowohl die Warenabteilung als auch die Exportabteilung Daten zu den Früchten, die verkauft werden sollen. Die Daten werden also an zwei unterschiedlichen Stellen separat erfasst – du kannst sicher leicht nachvollziehen, dass diese Duplizierung unnötig ist. Jede Abteilung benötigt Zeit für das Erfassen der Daten, jede Abteilung muss Akten oder Dateien ablegen, jede Abteilung muss Bestätigungen jeweils extra ausdrucken und verschwendet so Zeit und Papier. Daten einer bestimmten Abteilung werden also nicht effizient von einer anderen Abteilung genutzt

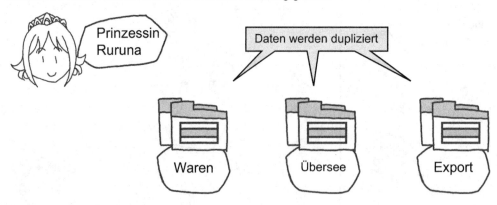

Aber es gibt noch weitere Probleme. Prinzessin Ruruna muss jede Abteilung einzeln informieren, wenn sich beispielsweise der Preis für Äpfel ändert. Das ist doch ziemlich unpraktisch, oder?

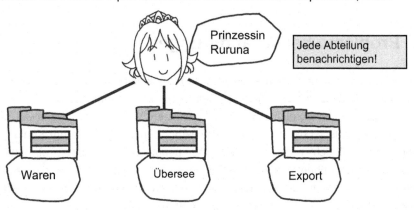

 ## Datenkonflikte

Das ist aber noch nicht alles. Die Daten können auch in Konflikt miteinander geraten, das heißt, die Daten in den einzelnen Abteilungen sind nicht gleich, obwohl sie es sein sollten. Wir erinnern uns: Prinzessin Ruruna hatte alle Abteilungen darüber informiert, dass der Preis für Äpfel gestiegen ist. Aber die Überseeabteilung hat vergessen, den Preis anzupassen. Und in der Exportabteilung wurde versehentlich ein falscher Preis eingetragen, nämlich 300 G statt 120 G. Solche Fehler erzeugen Datenkonflikte, und die wiederum führen dazu, dass die Inhalte des aktuellen Systems (in unserem Beispiel die Preise) nicht mehr mit den Werten in der „echten" Welt übereinstimmen.

Warenabteilung

Produktname	Preis/Einh.
Melone	800 G
Erdbeere	150 G
Apfel	120 G
Zitrone	200 G

Überseeabteilung

Produktname	Preis/Einh.
Melone	800 G
Erdbeere	150 G
Apfel	100 G
Zitrone	200 G

Exportabteilung

Produktname	Preis/Einh.
Melone	800 G
Erdbeere	150 G
Apfel	300 G
Zitrone	200 G

Das aktuelle System könnte Datenkonflikte wie diejenigen in der Tabelle erzeugen. Das ist wirklich mehr als unpraktisch, nicht wahr?

Probleme bei Veränderungen

Das aktuelle System kann nicht nur relativ leicht Datenkonflikte erzeugen, es ist auch nicht gut geeignet, um auf Veränderungen zu reagieren. Stellen wir uns vor, das Königreich von Kodo möchte eine neue Geschäftsidee im Bereich „Tourismus" umsetzen. Wenn diese Idee etwas mit Früchten zu tun haben soll (zum Beispiel die „Große Obsternte-Tour durch Kodo", die der König geplant hatte) kann man die bisher zu Früchten gesammelten Daten benutzen. Damit sparen wir natürlich bei der Dateneingabe Zeit. Leider erlaubt das aktuelle System es aber nicht, die Daten, die gerade in den Abteilungen verwendet werden, für etwas Anderes zu benutzen. Es müssen auch hier wieder neue Akten oder Dateien angelegt werden – und zwar für jeden neuen Geschäftszweig.

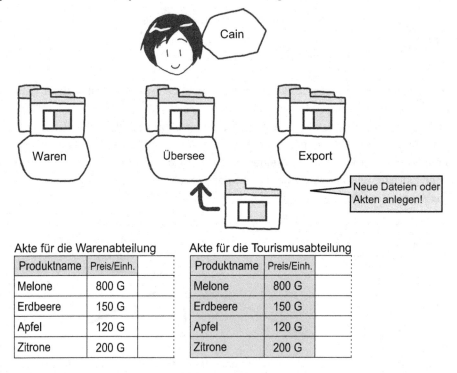

Das alles führt dazu, dass immer mehr Daten erfasst werden. Mit jedem neuen Geschäft steigt die Zahl der Daten, die unnötig neu eingegeben werden – schließlich liegen sie ja eigentlich schon an anderer Stelle vor.

Wenn wir all das in Betracht ziehen, ist das aktuelle System wirklich nicht effizient. Man kann sogar sagen, dass es das aktuelle System schwer macht, eine neue Geschäftsidee umzusetzen oder auch nur auf Veränderungen der Umwelt zu reagieren.

Die Lösung: eine Datenbank!

Das aktuelle System ist so wenig effizient, weil es in jeder Abteilung ein separates Datenmanagement gibt. Um aber effizient mit Daten umzugehen, genügt es nicht, Daten irgendwo zu erfassen und zu verarbeiten. Viel besser ist es, alle Daten des Königreichs an zentraler Stelle zu sammeln und zu verarbeiten. Genau das macht eine Datenbank. Tico wird sie uns vorstellen:

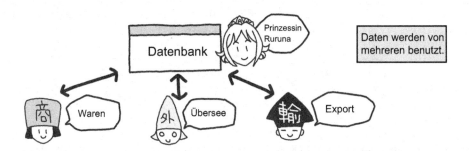

Mit der Datenbank ist ein einheitliches Management der Daten möglich – und die Daten können so auch mit anderen Abteilungen ausgetauscht werden. Das ist ein sehr effizientes System! Es vermeidet außerdem Datenkonflikte und auch ein Duplizieren von Daten ist nicht mehr erforderlich. Dieses neue System lässt sich leicht einführen!

Wie man eine Datenbank verwendet

Um eine Datenbank einzuführen und zu betreiben, müssen aber zunächst einige Fragen beantwortet werden. Zuerst: Wie sollen Daten eingegeben und wieder entnommen werden? Wenn eine Datenbank von vielen Menschen gleichzeitig benutzt werden soll, muss es eine einfache Möglichkeit zur Dateneingabe und -entnahme geben. Es muss also eine Methode zur Verfügung stehen, die von allen, die die Datenbank benutzen sollen, gleichermaßen leicht erlernt werden kann.

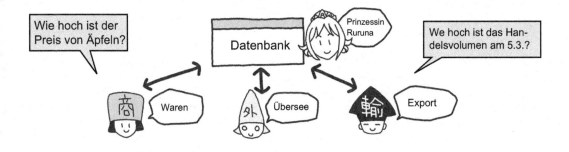

Eine Datenbank könnte problematisch sein, wenn man Daten klauen oder leicht überschreiben kann, beispielsweise vertrauliche Verkaufszahlen. Dann könnte es eine Lösung sein, dass die nur Mitarbeiter der Exportabteilung solche Daten aktualisieren können. Dennoch: Die Sicherheit der Daten muss gewährleistet sein.

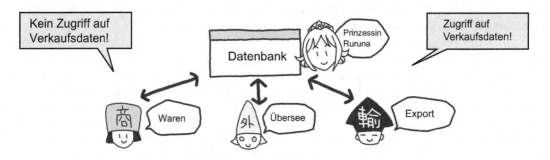

Schließlich muss eine Datenbank von vielen Personen zur gleichen Zeit benutzt werden können. Nehmen wir einmal Folgendes an: Die Überseeabteilung und die Exportabteilung arbeiten beide gleichzeitig in der Datenbank. Erstere ändert die Bezeichnung „Apfel" in „AP", während letztere zur gleichen Zeit „Apfel" in „APL" ändert. Was geschieht dann mit der Produktbezeichnung? Diese Frage oder allgemein Fragen dieses Typs müssen unbedingt beantwortet werden, wenn eine Datenbank von vielen Personen gleichzeitig benutzt werden soll.

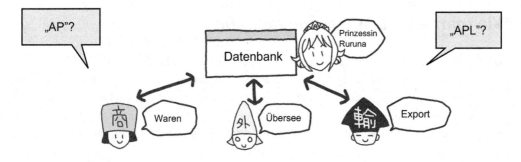

Man muss außerdem darauf achten, dass man keine Daten verliert. Darüber hinaus könnte das System ausfallen oder die Festplatte kaputtgehen. Daten sind immer dem Risiko ausgesetzt, korrumpiert (= beschädigt) zu werden. Die Datenbank muss über Mechanismen verfügen, um derartige Probleme unbeschadet überstehen zu können.

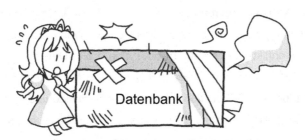

Da die Datenbank große Mengen von Daten verarbeitet, muss man schließlich auch über Methoden für eine schnelle Suche verfügen.

Aber unser neues System kann all diese Probleme lösen. Schauen wir uns also an, wie genau Prinzessin Ruruna und Cain die Probleme lösen.

Zusammenfassung

- Datenverarbeitung auf der Basis von Akten oder Dateien kann zu Datenkonflikten führen.
- Datenverarbeitung auf der Basis von Akten oder Dateien kann dazu führen, dass Daten dupliziert werden.
- Mit einer Datenbank kann man Daten mit anderen teilen.
- Eine Datenbank verhindert Datenkonflikte und das Duplizieren von Daten.
- Eine Datenbank benötigt verschiedene Funktionen, um die Daten für viele Benutzer zugänglich zu machen.

DBMS zum Betreiben einer Datenbank

Die Datenbank, die wir uns genauer anschauen, wird von einer Software betrieben, die man ein Datenbankmanagementsystem (kurz: DBMS) nennt. DBMS verfügt über zahlreiche Funktionen, beispielsweise die Möglichkeit, Daten aus der Datenbank zu entnehmen, Datenkonflikte zu verhindern oder eine große Datenmenge in kurzer Zeit abzurufen. Dank DBMS kann eine Datenbank von vielen Menschen gleichzeitig benutzt werden, denn eine bestimmte Funktion erlaubt die gleichzeitige und korrekte Benutzung der Datenbank. Außerdem verfügt ein DBMS über eine Funktion, um Daten zu schützen. So kann die Datenbank auch dann korrekt laufen, wenn an einer Stelle ein Fehler auftritt. Ein DBMS ist also eine Schnittstelle zwischen der Datenbank und den Benutzern. Schauen wir uns jetzt an, wie eine Datenbank und ein DBMS funktionieren!

Kapitel 2

Was ist eine relationale Datenbank?

👑 Wir lernen wichtige Begriffe!

Blüh!

Hier, liebste Ruruna, meine Augenweide!

Oh, ...

... wunderschöne Prinzessin!

Pff...

Huch?!

Was ist denn, Liebste?

Meine Eltern sind nicht im Schloss! Ich bin daher sehr beschäftigt!

HAHAHA

Du willst doch bloß nicht alleine sein!

Mir geht's gut, Cain ist ja bei mir.

Murmel

Hmm...

Spinner!

CAIN?

Du meinst also, Cain ist verlässlicher als der Prinz dieses Königreichs!

Prinz Raminess!

Hahaha

Knall!

Raaaamiiiness!!!

Knall

Kreisch

Hey! Seit wann sitzt du denn da?

Ach, ich find's ganz nett hier.

Hallo auch!

Das ist gar nicht lustig!

Du schockst mich wirklich ohne Pause.

Du bist so gedankenlos.

Aber schön, Raminess ist ja eh schon weg.

Also gut, fangen wir damit an, eine Datenbank zu entwerfen!

STOP

Drück

Einen Moment noch!

STOP!!

Du kannst keine Daten-bank entwerfen, ohne ein paar Grundlagen zu kennen!

Grundlagen sind wichtig ...

Ja ...

Los geht's!

seufz

Wir lernen also zuerst ein paar wichtige Begriffe.

Bleib einfach hier.

Hopp!

Ab in den Laptop!

Hmm...

!!!

26

Ein Attribut ist natürlich für alle Werte von der gleichen Art.

Produktnummer	Produktname	Preis pro Einheit	Bemerkungen
1 0 1	Melone	800 G	mit Samen
1 0 2	Erdbeere	150 G	
1 0 3	Apfel	120 G	
1 0 4	Zitrone	200 G	sauer
2 0 1	Kastanie	100 G	mit Schalen
2 0 2	Kaki	160 G	
3 0 1	Pfirsich	130 G	
3 0 2	Kiwi	200 G	wertvoll

Zeile

Verstehe!

Spalte

Zum Beispiel ist die Produktnummer immer eine dreistellige Zahl ...

... und der Produktname enthält immer höchstens 10 Buchstaben.

Produktnummer	Produktname
1 0 1	Melone
1 0 2	Erdbeere
1 0 3	Apfel
1 0 4	Zitrone
2 0 1	Kastanie
2 0 2	Kaki

Schauen wir uns die Produktnummer mal etwas genauer an!

Produktnummer
1 0 1
1 0 2
1 0 3
1 0 4
2 0 1
2 0 2
3 0 1
3 0 2

Hier

Wert, Attribut, ...

Murmel ...

CAIN?

28

Man kann also hier mit der Produktnummer bestimmte Sachen identifizieren, aber nicht mit dem Preis!

Genau!

Wenn es keinen Wert zweimal gibt, nennt man dies in der Welt der Datenbanken ...

... einzigartig!

Die Produktnummer ist einzigartig!

Einzigartig?

Manchmal wird das über meinen Vater gesagt ...

Öhm...

Hahaha, König Kodo ist einzigartig, hahaha!

Das heißt, es gibt davon nur eins!

eins!

Aber das weißt du natürlich!

Nur

Dann sprechen wir jetzt mal über die „Bemerkungen"!

Wie jetzt?

Bemerkungen sind halt Bemerkungen, oder nicht?

Schauen wir mal, was das für eine Datenbank bedeutet.

In einigen Feldern gibt es keine Einträge bei „Bemerkungen".

Ich glaube, ich weiß, worauf du hinauswillst ...

Beschreibungen wie diese ...

Person	Bemerkung
Ruruna	blond aktiv
Cain	schwarzhaarig zurückhaltend

SIT BACK?

	Bemerkungen
G	mit Samen
0 G	
20 G	sauer
200 G	mit Schale
100 G	

Produktnummer	Produktname	Preis pro Einheit	Bemerkungen
101	Melone	800 G	mit Samen
102	Erdbeere	150 G	
103	Apfel	120 G	
104	Zitrone	200 G	sauer
201	Kastanie	100 G	mit Schalen
202	Kaki	160 G	
301	Pfirsich	130 G	
302	Kiwi	200 G	

Dies ist ein netzwerkartiges Datenmodell. Die Daten sind hier miteinander vernetzt, wie ihr anhand der Linien sehen könnt!

Krach!

Daten

Schweb

Hierarchisches Modell

Cain, überrascht dich das alles nicht?

Mich schockt gar nichts mehr, ich bin auf alles vorbereitet!

Ähm, werden wir eine davon benutzen?

Hust

Zauber

Ähm, nein!

NEIN!

NEIN!

Krach!

Leucht

Schock!

Iiieek!

Es gibt nämlich noch eine Datenbank, die viel einfacher zu benutzen ist!

Klar, dich schockt nichts mehr!

Stimmt!

Kicher

Und zwar ...

... eine relationale Datenbank!

Relatio... was?

Zack

Relationale Datenbanken benutzen Tabellen

Außerdem kann man in einem relationalen Datenmodell Daten mithilfe von Operationen verarbeiten, die auf mathematischen Konzepten beruhen!

Iih, Mathe!?

Also ist es doch ziemlich schwierig!

Gar nicht!

Hmm....

Schauen wir uns noch mal die Liste der Artikel an, die verkauft werden ...

Produktnummer	Produktname	Bemerkungen	Preis pro Einheit		Produktname
101	メロン	800 G	タネあり		メロン
102	いちご	150 G			いちご
103	りんご	120 G			りんご
104	レモン	300 G	酸味あり		レモン
201	くり	100 G	いがあり		くり
202	かき	160 G			かき
301	もも	130 G			もも
302	キウイ	300 G	貴重品		キウイ

(Hier könnt ihr Japanisch üben – oder ihr schaut auf S. 31 noch mal nach.)

Okay, schauen wir uns diese Tabelle noch mal an!

Wir haben hier einfach eine Spalte entnommen.

Solch eine Operation, also das Entnehmen einer Spalte, nennt man „Projektion".

Wenn man den Produktnamen aus der Tabelle entnimmt, ist das schon eine Operation?

Ja, es ist total leicht!

Es gibt aber noch andere Operationen!

Genau gesagt 8!

Oh, so viele!

Vereinigung

Differenz

Kartesisches Produkt

Zerlegung

Schnittmenge

Projektion

Selektion

Join (Verbindung)

Noch ein Vorteil von relationalen Datenmodellen besteht darin, dass man zur Datenverarbeitung ...

... diese ganzen Operationen auch kombinieren kann!

Ach was?

Dann werden wir wohl eine relationale Datenbank entwerfen, oder sehe ich das falsch?

Trampel, Polter

Starr

Raminess!

Nein, genau das machen wir!

Klatsch

Wie?

Prinz Raminess ist vorhin schon gegangen ... worden.

Oh, nein!

Tut mir leid!

Seufz

Raminess!

Krach!

Hahaha!

Unglaublich!

Wie viele Frauen sind mit dem denn verabredet?

Ähm...

Datenmodelle

Es gibt viele verschiedene Arten von Datenbanken. Schauen wir uns einmal an, welche Möglichkeiten es für das Datenmanagement gibt. Zunächst einmal unterscheidet man allgemein verschiedene Datenbankmodelle – also verschiedene Methoden, mit Daten zu operieren bzw. sie zu handhaben. Wir betrachten drei Datenbankmodelle etwas näher, die besonders häufig verwendet werden:

Das erste ist das hierarchische Datenmodell – Tico hat es zu Beginn auch kurz beschrieben. In diesem Datenmodell hat jeder Datensatz genau einen Vorgänger. Man spricht hier auch von „Elternteil" (parent) und „Kind" (child) – jedes Kind (child) hat also genau ein Elternteil (parent).

Das zweite Modell ist das Netzwerkdatenbankmodell. In diesem Modell kann jeder Datensatz mehrere Vorgänger haben. Oder anders gesagt: Jedes Kind kann mehrere Elternteile haben.

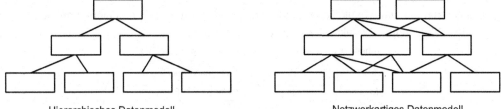

Hierarchisches Datenmodell   Netzwerkartiges Datenmodell

In beiden Modellen muss man bei der Arbeit mit den Daten (also um mit den Daten zu operieren) die einzelnen Datensätze mit Zeigern verbinden – und hierzu wiederum muss man die Position der Datensätze im Kopf haben. Das macht es schwer, flexibel und vor allem in hoher Geschwindigkeit nach Datensätzen zu suchen. Beide Modelle sind für uns daher nicht gut geeignet.

Was ist eine relationale Datenbank?

Das dritte Modell ist also das einer relationalen Datenbank. Relationale Datenbanken bauen auf einem relationalen Datenmodell auf. „Relational" heißt zunächst vereinfacht gesagt, dass die Daten zueinander in Beziehung stehen. Was darunter genauer zu verstehen ist, lässt sich einfach mithilfe von Tabellen verstehen.

Eine relationale Datenbank kann Daten auf der Basis von mathematischen Operationen handhaben. Die Daten werden als Tabellen entnommen, indem wohldefinierte Operationen wiederholt ausgeführt werden.

 # Vereinigung

Wie genau werden der Datenbank Daten entnommen? Schauen wir uns das einmal anhand der beiden folgenden Tabellen für „Produkte 1" und „Produkte 2" an:

Tabelle „Produkte 1"

Produktname	Preis/Einh.
Melone	800 G
Erdbeere	150 G
Apfel	120 G
Zitrone	200 G

Tabelle „Produkte 2"

Produktname	Preis/Einh.
Melone	800 G
Erdbeere	150 G
Kastanie	200 G
Kaki	350 G

Führt man die Operation der „Vereinigung" aus, so werden alle Daten entnommen, die zu den Produkten vorhanden sind – unabhängig davon, in welcher Tabelle sie stehen:

Tabelle „Produkte"

Produktname	Preis/Einh.
Melone	800 G
Erdbeere	150 G
Apfel	120 G
Zitrone	200 G
Kastanie	200 G
Kaki	350 G

Die Vereinigung entnimmt den beiden Tabellen die Werte aus allen Zeilen. Die folgende Grafik veranschaulicht nochmals, wie eine Vereinigung funktioniert: Zeilen, die in der Tabelle „Produkte 1" oder in der Tabelle „Produkte 2" enthalten sind, werden der Datenbank entnommen.

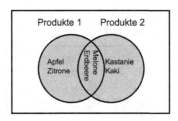

👑 Differenz

Mit dieser Operation werden Daten entnommen, die entweder in der Tabelle „Produkte 1" oder der Tabelle „Produkte 2" enthalten sind. Es werden also nur Zeilen aus einer der beiden Tabellen entnommen. Das Ergebnis hängt davon ab, welche Tabelle man als Basis benutzt – werden also die Daten der zweiten Tabelle von denen der ersten „subtrahiert" oder umgekehrt? Die folgenden Abbildungen zeigen das Ergebnis für beide Fälle:

Differenz

Produktname	Preis
Apfel	120G
Zitrone	200G

Produktname	Preis
Kastanie	200G
Kaki	350G

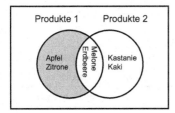

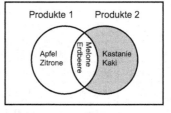

👑 Schnittmenge

Mit dieser Operation können Daten entnommen werden, die sowohl in der Tabelle „Produkte 1" als auch der Tabelle „Produkte 2" enthalten sind. In unserem Beispiel wäre dies das Ergebnis der Operation „Schnittmenge":

Schnittmenge

Produktname	Preis/Einh.
Melone	800 G
Erdbeere	150 G

Und hier noch einmal zur Veranschaulichung: Zeilen, die sowohl in der Tabelle „Produkte 1" als auch in der Tabelle „Produkte 2" vorhanden sind, werden entnommen:

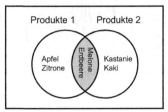

 # Kartesisches Produkt

Das Kartesische Produkt ist eine Methode, um alle Zeilen zweier Tabellen zu kombinieren. Betrachten wir dafür ein anderes Beispiel, und zwar die folgenden Tabellen „Liste von Artikeln im Verkauf" und „Exportziel":

„Liste von Artikeln im Verkauf"

Produktnr.	Produktname	Preis/Einh.
101	Melone	800 G
102	Erdbeere	150 G
103	Apfel	120 G

} 3 Zeilen

Tabelle „Exportziele"

Nummer des Exportziels	Name des Exportziels
12	Königreich Minanmi
23	Königreich Alpha
25	Königreich Ritol

} 3 Zeilen

Kartesisches Produkt

Produktnr.	Produktname	Preis/Einh.	Nummer des Exportziels	Name des Exportziels
101	Melone	800 G	12	Königreich Minanmi
101	Melone	800 G	23	Königreich Alpha
101	Melone	800 G	25	Königreich Ritol
102	Erdbeere	150 G	12	Königreich Minanmi
102	Erdbeere	150 G	23	Königreich Alpha
102	Erdbeere	150 G	25	Königreich Ritol
103	Apfel	120 G	12	Königreich Minanmi
103	Apfel	120 G	23	Königreich Alpha
103	Apfel	120 G	25	Königreich Ritol

} 3 * 3 = 9 Zeilen

Wie ihr seht, kombiniert das Kartesische Produkt alle Zeilen der beiden Tabellen, sodass wir schließlich 3 * 3 = 9 Zeilen erhalten.

Projektion

Die Vereinigung, Differenz, Schnittmenge und das Kartesische Produkt sind „Mengenoperationen", die ihr vielleicht auch schon aus der Mathematik kennt. Zur Umsetzung dieser Mengenoperationen werden ähnliche Operationen aus der höheren Mathematik angewendet.

Schauen wir uns nun weitere Operationen an, die typisch für relationale Datenbanken sind.

Mit der „Projektion" entnimmt man einer Tabelle bestimmte Spalten. Nachfolgend seht ihr, was passiert, wenn man mithilfe dieser Operation nur die Produktnamen aus der „Liste der Artikel im Verkauf" entnimmt:

Projektion

Produktname
Melone
Erdbeere
Apfel
Zitrone

Und hier noch einmal schematisch: Es wird eine bestimmte Spalte aus einer Tabelle entnommen:

 # Selektion

Mit der „Selektion" entnimmt man einer Tabelle bestimmte Zeilen. Beispielsweise könnte die Tabelle „Liste von Artikeln im Verkauf" so aussehen, nachdem eine Selektion ausgeführt wurde:

Selektion

Produktname	Preis
Melone	800G
Erdbeere	150G

Und hier die schematische Darstellung dieser Operation:

Join (Verbindung)

Es gibt für relationale Datenbanken noch eine wesentlich mächtigere Operation: „Join" oder „Verbindung". Dieser Begriff bezieht sich darauf, dass Tabellen verbunden werden. Schauen wir uns als Beispiel einmal die folgenden Tabellen an:

„Liste von Artikeln im Verkauf"

Produktnummer	Produktname	Preis/Einh.
101	Melone	800 G
102	Erdbeere	150 G
103	Apfel	120 G
104	Zitrone	200 G

Tabelle „Verkäufe"

Datum	Produktnummer	Menge
1.11.	102	1100
1.11.	101	300
5.11.	103	1700
8.11.	101	500

Die Werte in der Spalte „Produktnummer" in beiden Tabellen beziehen sich auf dieselben Gegenstände. Am 1. November wurden 1100 Erdbeeren (Produktnummer 102) verkauft. Die Tabelle „Verkäufe" enthält zwar keine Produktnamen, aber die Produktnummer. Mithilfe dieser Produktnummer und der Tabelle „Liste von Artikeln im Verkauf" kann man dann leicht herausfinden, dass die Produktnummer 102 Erdbeeren zugewiesen ist. In diesem Zusammenhang nennt man die Produktnummer in der Tabelle „Verkäufe" auch einen „Fremdschlüssel"; die Daten in der anderen Tabelle, auf die sich dieser Fremdschlüssel bezieht, nennt man „Primärschlüssel". Verbindet man die beiden Tabellen und damit den Primär- und den Fremdschlüssel, so erhält man Folgendes:

Join

Datum	Produktnr.	Produktname	Preis/Einh.	Menge
1.11.	102	Erdbeere	150 G	1100
1.11.	101	Melone	800 G	300
5.11.	103	Apfel	120 G	1700
8.11.	101	Melone	800 G	500

Auf diese Weise erhalten wir Verkaufsdaten, die – zusätzlich zu den Daten in der obigen Tabelle „Verkäufe" – sowohl das Datum als auch den Produktnamen enthalten. Die gewünschten Daten lassen sich so aus den Tabellen entnehmen und in einer Tabelle zusammenführen.

Nachfolgend ist dies nochmals schematisch dargestellt:

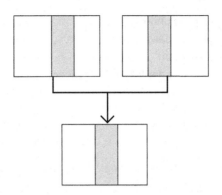

 # Division

Schauen wir uns jetzt noch die Division an. Der erste Schritt besteht darin, dass man die Anzahl der Spalten verringert. Schauen wir uns wieder ein Beispiel an. Nachfolgend teilen wir die Tabelle „Verkäufe" durch die Tabelle „Exportziele":

Tabelle „Verkäufe"

Nummer des Exportziels	Name des Exportziels	Datum
12	Königreich Minanmi	5.3.
25	Königreich Ritol	10.3.
23	Königreich Alpha	5.3.
25	Königreich Ritol	21.3.
30	Königreich Sazanna	25.3.

Tabelle „Exportziele"

Nummer des Exportziels	Name des Exportziels
12	Königreich Minanmi
23	Königreich Alpha

Zuerst werden die kompletten Zeilen in der linken Tabelle, die auch Daten aus der rechten Tabelle enthalten, extrahiert. In diesem Fall sind es die erste und die dritte Zeile. (Man muss sich vorstellen, dass man für die Division eine dritte, imaginäre Tabelle damit erstellt, das macht es etwas leichter.) Dann werden aus diesen Zeilen die Daten gelöscht, die in der Tabelle rechts enthalten sind. In unserem Fall also die komplette erste und zweite Spalte. Dann erhalten wir folgendes Ergebnis:

Division

Datum
5.3.

Projektion, Selektion, Join (Verbindung) und Division nennt man auch „relationale Operationen". Eine relationale Datenbank ist so aufgebaut, dass man ihr Daten sowohl mit Mengenoperationen als auch relationalen Operationen entnehmen kann.

Überprüfen wir jetzt das Gelernte mithilfe der folgenden Fragen!

Aufgabe 1

Wie nennt man den Schlüssel, der innerhalb einer relationalen Datenbank auf die Spalte einer anderen Tabelle verweist?

Aufgabe 2

Die folgende Tabelle dient dem Erfassen von Informationen zu Büchern. Welches Attribut kann man als Primärschlüssel benutzen? Denke daran, dass manche Bücher den gleichen Titel haben können. Die Buchnummer ist eine fortlaufende Nummerierung.

Buchnummer	Buchtitel	Autor	Erscheinungsdatum	Preis

Aufgabe 3

Wie nennt man die folgende Operation, mit der man Daten entnehmen kann?

Nummer des Exportziels	Name des Exportziels
12	Königreich Minanmi
23	Königreich Alpha
25	Königreich Ritol
32	Königreich Sazanna

Nummer des Exportziels	Name des Exportziels
25	Königreich Ritol

Aufgabe 4

Wie nennt man die folgende Operation, mit der man Daten entnehmen kann?

Nummer des Exportziels	Name des Exportziels
12	Königreich von Minanmi
23	Königreich von Alpha
25	Königreich von Ritol
32	Königreich von Sazanna

Nummer des Exportziels	Name des Exportziels
15	Königreich Paronu
22	Königreich Tokanta
31	Königreich Taharu
33	Königreich Mariyon

➡

Nummer des Exportziels	Name des Exportziels
12	Königreich Minanmi
15	Königreich Paronu
22	Königreich Tokanta
23	Königreich Alpha
25	Königreich Ritol
31	Königreich Taharu
32	Königreich Sazanna
33	Königreich Mariyon

Aufgabe 5

Wie nennt man die folgende Operation, mit der man Daten entnehmen kann?

Nummer des Exportziels	Name des Exportziels
12	Königreich Minanmi
23	Königreich Alpha
25	Königreich Ritol
32	Königreich Sazanna

Nummer des Exportziels	Datum
12	1.3.
23	1.3.
12	3.3.
32	5.3.
12	6.3.
25	10.3.

➡

Nummer des Exportziels	Datum	Name des Exportziels
12	1.3.	Königreich Minanmi
23	1.3.	Königreich Alpha
12	3.3.	Königreich Minanmi
32	5.3.	Königreich Sazanna
12	6.3.	Königreich Minanmi
25	10.3.	Königreich Ritol

Hast du bis hier alles verstanden?

Die Verbreitung relationaler Datenbanken

Aus einer relationalen Datenbank kannst du mithilfe bestimmter Operationen Daten entnehmen. Die entnommenen Daten werden auch als Tabelle dargestellt.

Wenn du die oben vorgestellten Operationen kombinierst, kannst du praktisch für jeden Zweck Daten entnehmen. Du kannst beispielsweise nach dem Namen und dem Preis eines Produkts schauen und so den Erlös des Verkaufs errechnen. Relationale Datenbanken sind leicht zu verstehen und können flexibel eingesetzt werden. Deshalb sind sie auch weit verbreitet.

Lösungen

A1 Fremdschlüssel

A2 Buchnummer

A3 Selektion

A4 Vereinigung

A5 Join (Verbindung)

Kapitel 3

Entwerfen wir eine Datenbank!

Führen wir eine Analyse mit einem ER-Modell durch!

Trap

Trap

Cain, wo bist du?

,,Hast du ...

Tuschel

Ja, natürlich ... was ist denn mit Cain los?

Flüster

Tuschel

Er spricht mit sich selbst?!

Flüster

... irgendwas von Datenbanken oder so ...

SHH!

Guten Morgen allerseits!

G... guten Morgen!

Oh, Cain ...!

...

Oh, jetzt verstehe ich es.

Klar, natürlich.

Cain!

Der Entwurf einer Daten-
bank ist ganz einfach,
wenn man zunächst ein-
mal ...

Was ist die
aktuelle
Situation?

... die aktuelle Situation in
unserem Königreich Kodo
kennt. Das ist das Wich-
tigste.

Tico meint, man kann
zunächst ein „Modell"
entwerfen und die aktuel-
len Geschäfte auf dessen
Basis analysieren.

Das ist eine lange
Geschichte ...
Nimm doch Platz!

Danke!

Schieb

Klingt so, als würden
wir jetzt was Neues
kennenlernen ...

Genau! Seid ihr bereit?

Ein Modell, das wir für
diese Analyse benut-
zen können, nennt
man ...

... ein ER-Modell!

E bedeutet „Entity" und R bedeutet
„Relationship", ER-Modell steht also
für „Entity-Relationship-Modell".*

E = Entity

R =
Relationship

E... was?!

Entity und
Relationship?

Ich auch
nicht ...

Hab ich noch
nie gehört ...

* Diese Bezeichnungen sind auch im Deutschen üblich. Alternativ gibt es die Bezeichnung „Gegenstands-Beziehungs-Modell".

Im ER-Modell bildet man die Realität ab, indem man das Konzept von Entity und Relationship benutzt.

Ich erklär's euch!

Schepper

Krach

„Entity" bezieht sich auf etwas, was man in der Welt wahrnehmen kann.

Beim Export von Früchten sind beispielsweise „Früchte" oder auch „Exportziele" Entities.

Quietsch

Quietsch Quietsch

Quietsch

Quietsch Quiieeetsch

Verbindet man die Entities nun mit ihren jeweiligen Merkmalen, erhält man das hier ...

Quietsch

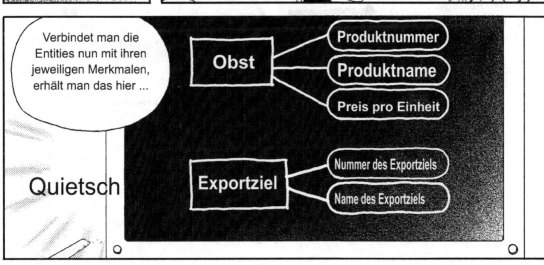

Obst — Produktnummer, Produktname, Preis pro Einheit

Exportziel — Nummer des Exportziels, Name des Exportziels

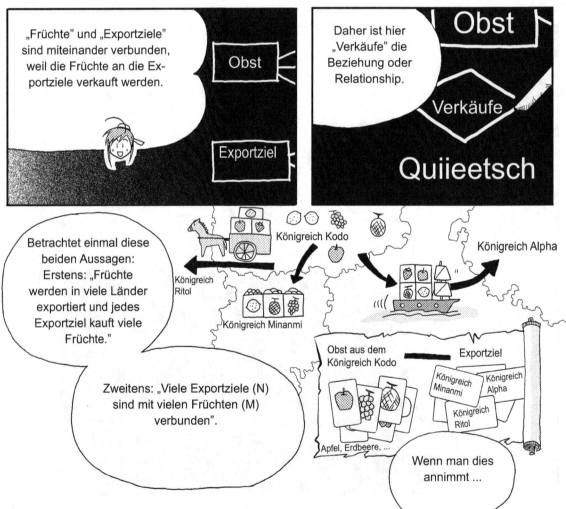

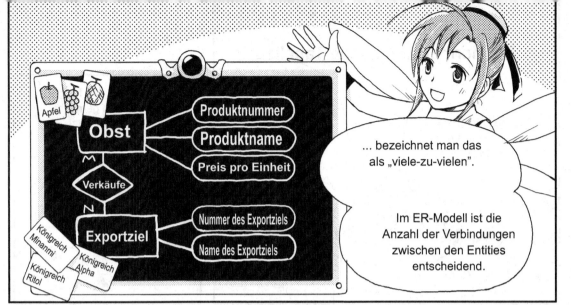

... bezeichnet man das als „viele-zu-vielen".

Im ER-Modell ist die Anzahl der Verbindungen zwischen den Entities entscheidend.

Wenn Cain nur eine Obstsorte an verschiedene Familien verkauft, nennt man das ...

Äpfel!!

Äpfel der Sorte „Cain"!

Äpfel!

Äpfel!

Warum ich?

... „eine-zu-vielen", oder?

Bingo!

Genau!

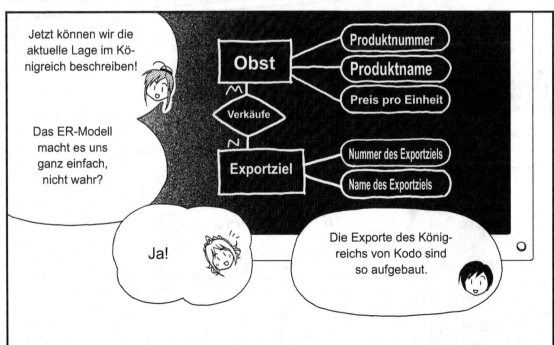

Jetzt können wir die aktuelle Lage im Königreich beschreiben!

Das ER-Modell macht es uns ganz einfach, nicht wahr?

Ja!

Die Exporte des Königreichs von Kodo sind so aufgebaut.

Wir normalisieren eine Tabelle

Hier ist sie:

Berichtsnummer	Datum	Nummer des Exportziels	Name des Exportziels	Produktnummer	Produktname	Preis pro Einheit	Menge
1101	3/5	12	Königreich Minanmi	101	Melone	800 G	1 100
				102	Erdbeere	150 G	300
1102	3/7	23	Königreich Alpha	103	Apfel	120 G	1 700
1103	3/8	25	Königreich Ritol	104	Zitrone	200 G	500
1104	3/10	12	Königreich Minanmi	101	Melone	800 G	2 500
1105	3/12	25	Königreich Ritol	103	Apfel	120 G	2 000
				104	Zitrone	200 G	700

Auf Basis der Verkaufsberichte erstellte Tabelle

Wahnsinn! Jetzt können wir sie für unsere Datenbank benutzen!

Tuut!

Ähm, tut mir leid, aber so kannst du sie nicht benutzen.

Prinzessin!

Aaahhh!

Woosh

Für eine relationale Datenbank musst du die Tabelle so einfach wie möglich machen.

Alles okay?

Du findest diese Tabelle nicht einfach genug?

Naja, schau mal ...

Ich weiß nicht.

Es gibt hier zwei Zeilen mit Produkten, die in eine andere Datenreihe eingeschoben ist.

Oh, stimmt.

Weil wir manchmal zwei oder mehr Produkte in einem einzigen Bericht zusammenfassen.

Genau.

Verkaufsbericht 日々/3月5日

1101 ミナンミ王国様

101 メロン @800G×1,100＝880,000G
102 いちご @150G× 300＝ 45,000G

合計 925,000G

コンド王国

Aber das darf nicht sein, jedes Feld darf nur einen Datensatz enthalten und jede Zeile muss klar von den anderen getrennt sein.

Ja, richtig.

Hmm...

58

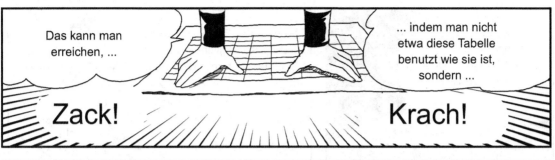

Das kann man erreichen, ...

... indem man nicht etwa diese Tabelle benutzt wie sie ist, sondern ...

Zack!

Krach!

... indem man sie in mehrere Tabellen unterteilt!

Zauber

So!

Wow!

Das sieht aber viel komplizierter aus ...

Oh, es ist eine kleine Tabelle!

Auf den ersten Blick vielleicht, aber ...

... es ist wichtig, korrekt mit den Daten umzugehen.

Murmel

Stelle den momentanen Zustand mit einem ER-Modell dar ...

Das ist Arbeit.

Murmel

Mhm...

Was?! Alles okay bei mir ... glaube ich.

Cain, was ist nur los mit dir?

Du murmelst ständig vor dich hin!

Nehmen wir an, der Preis für eine Melone steigt um 20 G.

20 G nach oben

Wenn du die Tabelle in der ursprünglichen Form benutzt, musst du ...

... alle Zeilen finden, die „Melone" enthalten, um den Preis zu korrigieren.

Hier!

820 G

Hier auch!

820 G

Aber wenn du eine einzelne Tabelle für „Produkte im Verkauf" hast, ...

... kannst du einfach in dieser einen Zeile den Preis für Melonen ändern.

Nur hier!

Simpel!

820 G

Liste von Artikeln im Verkauf

Melone	800 G
Erdbeere	150 G
Apfel	120 G
Zitrone	200 G

Dann gibt es auch keine Probleme mehr, weil jemand vergisst, einen einzelnen Wert irgendwo zu ändern.

Toll, oder?

Du weißt, jeder kann mal versehentlich Daten vergessen ...

Stimmt! Wenn man es so betrachtet, ist es wirklich praktisch!

Hust!

820 G

Wenn man eine Tabelle aufteilt, um Datenkonflikte zu vermeiden, ...

... nennt man das „Normalisierung"!

Normalisierung, Normalisierung, Normalisierung

Was zur ...?

Ssss

So wird das kontrolliert!

Gut, was soll ich machen?

Zuerst ...

... ändern wir die Tabelle so, dass in jeder Zeile oder besser jedem Feld nur noch ein Wert steht.

Wiederholt auftretende Zeilen, die sich auf den Verkauf beziehen, werden unterteilt.

Mal sehen ...

Und zwar in ...

... eine Tabelle mit den Attributen „Datum", „Nummer des Exportziels", „Name des Exportziels".

Und eine weitere Tabelle mit den Attributen „Produktnummer", „Produktname", „Preis pro Einheit" und „Menge".

Tabelle „Verkäufe" (Erste Normalform (1))

Berichtsnummer	Datum	Nummer des Exportziels	Name des Exportziels
1101	3 / 5	12	
1102	3 / 7	23	
1103	3 / 8	25	
1104	3 /10	12	
1105	3 /12	25	

Die „Berichtsnummer" taucht in beiden Tabellen auf, nicht wahr?

Tabelle „Verkaufsberichte" (Erste Normalform (2))

Berichtsnummer	Produktnummer	Produktname	Preis/Einheit	Menge
1101	101	Melone	800G	1 100
1101	102	Erdbeere	150G	300
1102	103	Apfel	120G	1 700
1103	104	Zitrone	200 G	500
1104	101	Melone	800G	2 500
1105	103	Apfel	120 G	2 000
1105	104	Zitrone	200 G	700

Oh!

Ja, mit ihr kannst du die Verbindung zwischen beiden Tabellen herstellen!

Eine Tabelle, die nach so einer Zerlegung ensteht, nennt man „Erste Normalform".

Die Tabelle, in der Informationen doppelt oder mehrfach enthalten sind, ist eine „nicht normalisierte Form".

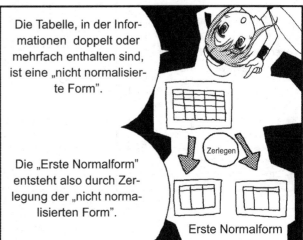

Und das ist noch ein Kontrollpunkt!

Erste Normalform, Erste Normalform

Lass das endlich!

Murmel

Zerlegen

Die „Erste Normalform" entsteht also durch Zerlegung der „nicht normalisierten Form".

Erste Normalform

Lass mich mal kurz nachdenken ...

Wenn es eine „Erste Normalform" gibt, dann gibt es bestimmt auch eine „Zweite" und „Dritte", oder?

Volltreffer!

Die Erste Normalform kann so nicht für eine relationale Datenbank benutzt werden.

Gleich geschafft!

Ähm, verstehe ...

Komm schon!

Es ist so weit!

Erste Normalform

Datenbank-Gebirge

Relationaler Gipfel: 500 m

Schaut euch doch mal die Erste Normalform (2) an.

Hier, bitte!

Es handelt sich um die Tabelle „Verkaufsbericht".

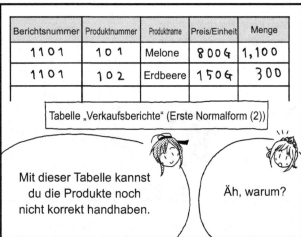

Berichtsnummer	Produktnummer	Produktname	Preis/Einheit	Menge
1101	101	Melone	800G	1,100
1101	102	Erdbeere	150G	300

Tabelle „Verkaufsberichte" (Erste Normalform (2))

Mit dieser Tabelle kannst du die Produkte noch nicht korrekt handhaben.

Äh, warum?

Selbst wenn du Mandarinen hast, kannst du sie ...

... noch nicht zu der Tabelle hinzufügen, solange sie nicht verkauft wurden.

Was meinst du damit?

Ich hab's!

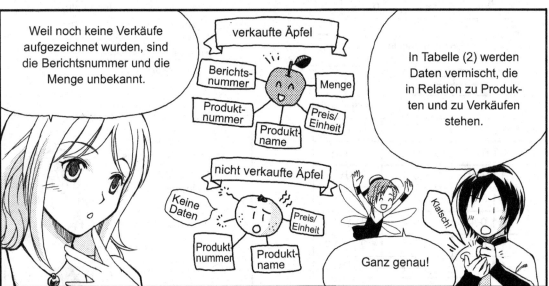

Weil noch keine Verkäufe aufgezeichnet wurden, sind die Berichtsnummer und die Menge unbekannt.

verkaufte Äpfel

Berichtsnummer · Menge · Produktnummer · Preis/Einheit · Produktname

nicht verkaufte Äpfel

Keine Daten · Preis/Einheit · Produktnummer · Produktname

In Tabelle (2) werden Daten vermischt, die in Relation zu Produkten und zu Verkäufen stehen.

Ganz genau!

Klatsch!

Man kann Produkte nicht unabhängig voneinander handhaben, wenn man nur Tabelle (2) benutzt ...

Hmm...

Tabelle (2)

Genau! Und deshalb ...

... zerlegen wir Tabelle (2) ...

Das ist genau der Punkt!

Schrei

... in zwei Tabellen!

Und hier sind auch schon die beiden Tabellen, die nach dieser Zerlegung entstehen:

„Liste von Artikeln im Verkauf"
(Zweite Normalform (1))

Produktnummer	Produktname	Preis/Einheit
101	Melone	800 G
102	Erdbeere	150 G
103	Apfel	120 G
104	Zitrone	200 G

Tabelle „Verkaufsberichte"
(Zweite Normalform (2))

Berichtsnummer	Produktnummer	Menge
1101	101	1,100
1101	102	300
1102	103	1,700
1103	104	500
1104	101	2,500
1105	103	2,000
1105	104	700

Die obere, also Tabelle (1), enthält Daten, die in Relation zu den Produkten stehen.

Wenn ein Wert in der Spalte „Produktnummer" bestimmt wird, werden gleichzeitig die Werte für „Produktname" und „Preis" bestimmt.

Also bestimmt die Produktnummer als Primärschlüssel die Werte in den anderen Spalten.

Cool!

Genau!

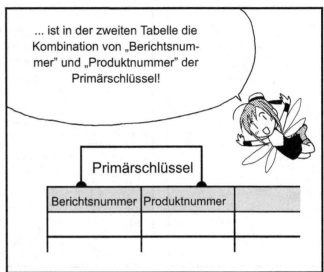

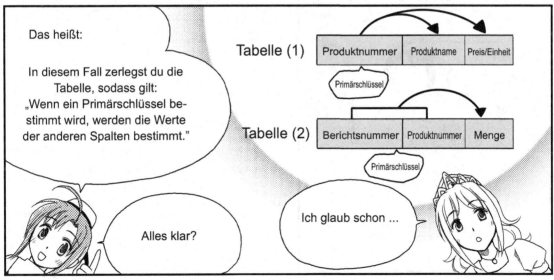

Eine Tabelle, die nach einer Zerlegung diese Bedingung erfüllt, nennt man ...

Das ist der Kontrollpunkt!

... die "Zweite Normalform".

Wir können Mandarinen, über die wir vorhin gesprochen haben, in der „Zweiten Normalform" ergänzen.

Und selbst wenn der Preis von Melonen sich ändert, müssen wir nur in einer Zeile den Datensatz ändern!

Und Kiwi und Weintrauben, die haben wir bis jetzt noch gar nicht verkauft!

820G

Ähm, übrigens, du hast die „Erste Normalform (2)" zerlegt, ...

Hm?

... aber müssten wir nicht die "Erste Normalform (1)" zerlegen?

Oh, so eine Brille hatte meine Mutter in den 70ern auch ...

Woosh

Zeig!

Gute Frage!!

Tabelle „Verkäufe" (Erste Normalform (1))

Berichtsnummer	Datum	Nummer des Exportziels	Name des Exportziels
1101	3/5	12	ミナンミ王国
1102	3/7	23	アルファ帝国
1103	3/8	25	リトール王国
1104	3/10	12	ミナンミ王国
1105	3/12	25	リトール王国

Wert ist bestimmt

Primär-schlüssel

Wenn der Wert bestimmt ist, ...

... ist auch dieser ...

... bestimmt.

Wenn in dieser Tabelle ein Wert in der Spalte „Berichtsnummer" bestimmt wird, werden auch die Werte für „Datum", „Nummer des Exportziels" und „Name des Exportziels" bestimmt.

Ja!

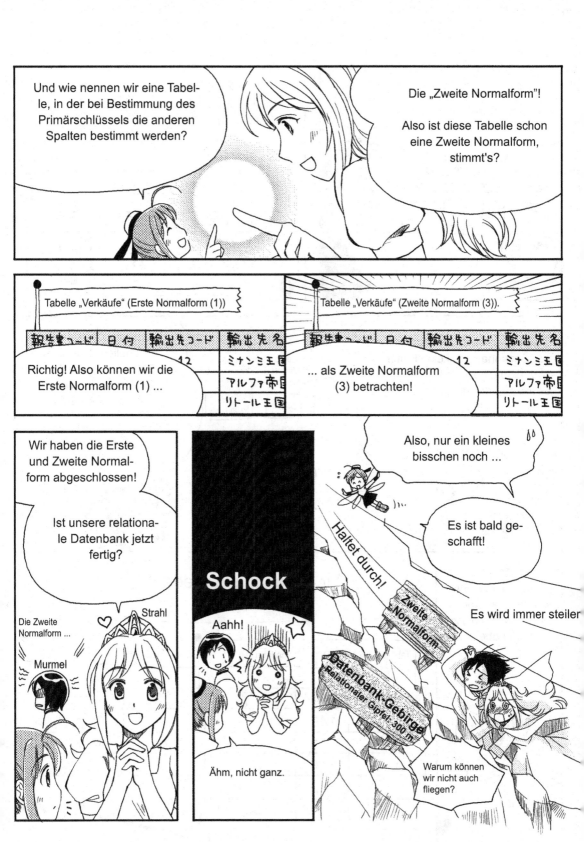

Schauen wir uns noch mal die Zweite Normalform (3) an.

Verkäufe

Hä?

Mit dieser Tabelle kannst du keine Exportziele handhaben.

Denk, grübel ...

Ach so!!

Tabelle „Verkäufe" (Zweite Normalform (3)).

Berichtsnummer	Datum	Nummer des Exportziels	Name des Exportziels
1101	3/5	12	Königreich Minanmi
1	3/7	23	Königreich Alpha
	3/8	25	Königreich Ritol

Wir haben an das Königreich von Sazanna noch keine Früchte verkauft, deshalb können wir es nicht zu dieser Tabelle hinzufügen.

Königreich Minanmi

Name des Exportziels

Berichtsnummer

Datum

Nummer des Exportziels

Keine Daten

Königreich Sazanna

Name des Exportziels

Nummer des Exportziels

In Tabelle (3) werden Daten bezüglich der Exportziele und der Verkäufe vermischt.

Hmm...

Und was machen wir, um die Exportziele unabhängig zu handhaben?

Genau!

Wir zerlegen sie wieder!

Tabelle „Verkäufe" (Dritte Normalform (1))

Berichtsnummer	Datum	Nummer des Exportziels
1101	3/5	12
1102	3/7	23
1103	3/8	25
1104	3/10	12
1105	3/12	25

Tabelle „Exportziele" (Dritte Normalform (2))

Nummer des Exportziels	Name des Exportziels
12	Königreich Minanmi
23	Königreich Alpha
25	Königreich Ritol

ばーーん！

In der Zweiten Normalform (3) wird der Name des Exportziels durch die Berichtsnummer bestimmt.

Ja.

Aber eigentlich passiert das: Durch die Bestimmung der Berichtsnummer wird ein Wert für die Nummer des Exportziels bestimmt – und dadurch ...

... wird indirekt auch der Name des Exportziels bestimmt.

Berichtsnummer

↓

Nummer des Exportziels

↓

Name des Exportziels

Um damit zurechtzukommen, ...

... hast du die Tabelle zerlegt, sodass nichts indirekt bestimmt werden muss.

bestimmt

bestimmt

Berichtsnummer	Datum	Nummer des Exportziels

bestimmt

Nummer des Exportziels	Name des Exportziels

Genau! Eine Tabelle, in der mit keinem Primärschlüssel Werte außer denjenigen der eigenen Spalte bestimmt werden können, nennt man ...

... die „Dritte Normalform"!

Jetzt haben wir auch die Dritte Normalform!

Jetzt kannst du sogar das Königreich Sazanna verarbeiten!

Keuch, Japs

Dritte Normalform

Geschafft!

Tabelle „Verkäufe"

Berichtsnummer	Datum	Nummer des Exportziels
1101	3 / 5	12
1102	3 / 7	23
1103	3 / 8	25
1104	3 /10	12
1105	3 /12	25

Tabelle „Exportziele"

Nummer des Exportziels	Name des Exportziels
12	Königreich Minanmi
23	Königreich Alpha
25	Königreich Ritol

Tabelle „Verkaufsberichte"

Berichtsnummer	Produktnummer	Menge
1101	101	1,100
1101	102	300
1102	103	1,700
1103	104	500
1104	101	2,500
1105	103	2,000
1105	104	700

Liste der Artikel im Verkauf

Produktnummer	Produktname	Preis/Einheit
101	メロン	800 G
102	いちご	150 G
103	りんご	120 G
104	レモン	200 G

Wenn man die Tabelle der Dritten Normalform zerlegt, erhält man diese Tabellen hier über mir!

In einer relationalen Datenbank benutzt man meist Tabellen, die bis zur Dritten Normalform zerlegt wurden.

Dann haben wir nun endlich unsere Tabelle für die Datenbank!

Klatsch!

YES! ♡

Starr

Prinzessin?

Cain?

Jetzt könnt ihr Produkte, Exportziele und Verkäufe mithilfe von Tabellen handhaben!

Das funktioniert jetzt völlig ohne Probleme!

Produkt

Exportziel

Verkäufe

Cool!

Selbst wenn man Daten hinzufügt, gibt es keine Konflikte mehr!

Puh, endlich!

Obwohl wir die ursprüngliche Tabelle mehrmals zerlegt haben, ...

... sind die ursprünglichen Daten in jeder der neuen Tabellen enthalten.

Tabelle "Verkaufsberichte"

Tabelle "Exportziele"

Tabelle "Verkäufe"

Tabelle erstellt auf der Basis der Verkaufsberichte

Liste von Artikeln im Verkauf

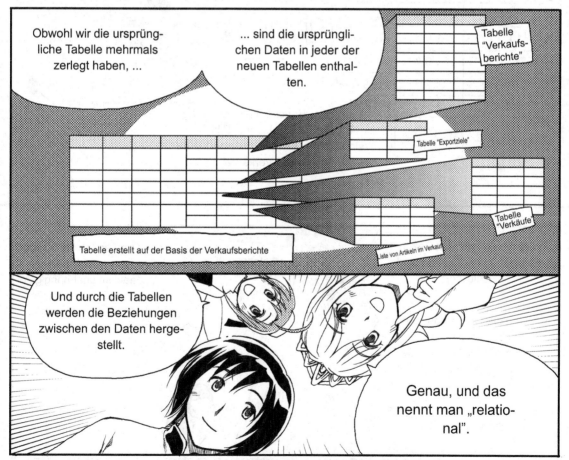

Und durch die Tabellen werden die Beziehungen zwischen den Daten hergestellt.

Genau, und das nennt man „relational".

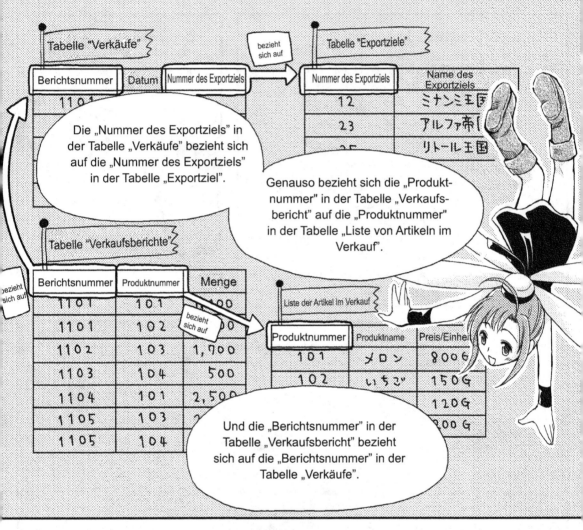

Was ist ein ER-Modell?

Prinzessin Ruruna und Cain haben die momentane Situation im Königreich mithilfe eines ER-Modell (Entity-Relationship-Modell) beschrieben. Damit wollen sie zuerst die Umstände beschreiben, für die sie eine Datenbank entwerfen wollen.

Auf der Grundlage dieser Analyse – bei der wir ein ER-Modell benutzt haben – erhalten wir etwas, das wir „Entity" oder auch „Gegenstand" nennen. Und „Entity" meint auch ganz oft einen konkreten Gegenstand in der realen Welt (allerdings kann auch z. B. ein Land eine Entity sein – ein Land exis- tiert zwar konkret, aber es ist doch nicht so „greifbar" wie Gegenstände). In unserem Fall sind etwa Früchte eine Entity, aber auch die Exportziele. Die Analyse mit dem ER-Modell hat zum Ziel, die Welt leichter zu begreifen, indem man sich auf die Entities konzentriert.

Außerdem zeigt man mit einem ER-Modell die „Relationships", also die Relationen oder Beziehungen zwischen den Entities auf. So kann man leicht nachvollziehen, in welcher Beziehung die Entities zuei- nander stehen. Prinzessin Ruruna und Cain haben für ihre Analyse angenommen, dass es zwischen den Entities „Früchte" und „Exportziele" eine Relation „Verkäufe" gibt.

Früchte werden an verschiedene Länder („Exportziele") verkauft, während umgekehrt die Exportziele Früchte importieren. Daher besteht zwischen diesen beiden Entities eine Beziehung „viele zu vielen". Man kann auch sagen, dass M Früchte mit N Exportzielen verbunden sind. Die Anzahl der Verbindun- gen zwischen den Entities wird „Kardinalität" genannt.

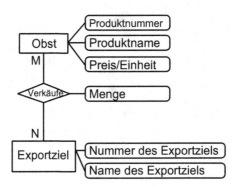

Wie man ein ER-Modell analysiert

Schauen wir uns an, wie eine Analyse in den folgenden Fällen aussieht:

Fall 1: Eins-zu-eins-Relation
Ein Exportziel handhabt genau einen Export.

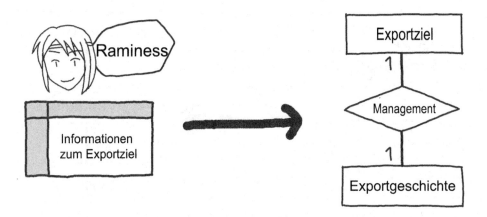

Diese Relation nennt man „Eins-zu-eins-Relation".

Fall 2: Eins-zu-vielen-Relation

Verschiedene Diener arbeiten für eine Prinzessin. Und sie sind nicht noch nebenbei für eine andere Prinzessin oder einen anderen König beschäftigt.

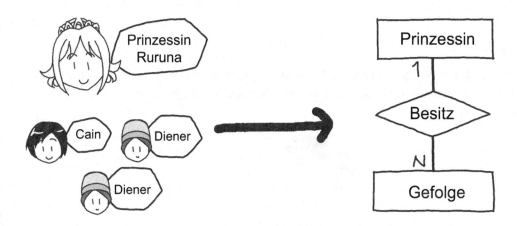

Diese Relation nennt man „Eins-zu-vielen-Relation".

Fall 3: Viele-zu-vielen-Relation

Viele Früchte werden in verschiedene Länder (Exportziele) verkauft, und die Exportziele importieren verschiedene Früchte.

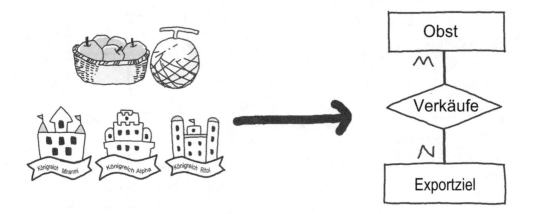

Diese Relation nennt man „Viele-zu-vielen-Relation".

 ## Analysieren wir etwas mit dem ER-Modell

Analysiere nun verschiedene Fälle, indem du das ER-Modell benutzt!

Aufgabe 1

Ein Angestellter im Königreich ist für mehrere Kunden (also andere Königreiche oder Länder) zuständig. Umgekehrt wird ein Kunde nie von zwei oder mehr Mitarbeitern betreut.

Aufgabe 2

Ein Studierender kann mehrere Bücher ausleihen. Umgekehrt werden Bücher an verschiedene Studierende ausgeliehen.

Aufgabe 3

Jeder Studierende besucht verschiedene Vorlesungen. Umgekehrt wird eine Vorlesung von mehreren Studierenden besucht.

Ein Dozent hält mehrere Vorlesungen. Umgekehrt wird eine Vorlesung nur von einem Dozenten gehalten.

Aufgabe 4

In einer Bank kann jeder Kunde mehrere Konten eröffnen. Umgekehrt wird jedes Konto von einem Kunden eröffnet.

Jede Bank ist für verschiedene Konten zuständig. Umgekehrt wird ein Konto von genau einer Bank betreut.

Die Analyse mittels des ER-Modells führt nicht zwingend zu einem einzigen Ergebnis. Das liegt daran, dass man die tatsächliche Welt unter verschiedenen Bickwinkeln betrachten kann. Habe dies immer bei deiner eigenen Analyse im Kopf!

Das ER-Modell erlaubt es, die tatsächliche Welt zu verstehen. Mit dem Modell kann die eher vage und auf den ersten Blick nicht immer präzise zu erfassende Welt gut beschrieben werden.

 ## Noch einmal: Eine Tabelle normalisieren

Prinzessin Ruruna und Cain haben bereits die Nomalisierung kennengelernt. Mithilfe der Normalisierung kann man Daten aus der realen Welt so in eine Tabelle überführen, dass sie von einer relationalen Datenbank genutzt werden kann. Nur so können die Daten von einer Datenbank korrekt gehandhabt werden. Die Normalisierung wird wie folgt durchgeführt (die grau hinterlegten Felder sind Primärschlüssel):

Nicht normalisierte Form

Berichtsnr.	Datum	Nummer des Exportziels	Name des Exportziels	Produktnr.	Produktname	Preis/Einh.	Menge

Erste Normalform

Berichtsnr.	Datum	Nummer des Exportziels	Name des Exportziels

Berichtsnr.	Produktnr.	Produktname	Preis/Einh.	Menge

Zweite Normalform

Berichtsnr.	Datum	Nummer des Exportziels	Name des Exportziels

Berichtsnr.	Produktnr.	Menge

Produktnr.	Produktname	Preis/Einh.

Dritte Normalform

Berichtsnr.	Datum	Nummer des Exportziels

Nummer des Exportziels	Name des Exportziels

Berichtsnr.	Produktnr.	Menge

Produktnr.	Produktname	Preis/Einh.

In der nicht normalisierten Form einer Tabelle tauchen manche Attribute mehrmals auf. Diese Wiederholungen wurden noch nicht entfernt und wir wissen, dass man Daten so nicht korrekt handhaben kann, denn eine eindeutige Zuordnung ist so nicht möglich. Also müssen wir die Tabelle zerlegen, um sie zu normalisieren.

In der Ersten Normalform erhalten wir zwei einfache Tabellen, die durch das Zerlegen der ursprünglichen Tabelle entstanden sind. Wichtig ist, dass sich in der ursprünglichen Tabelle Attribute wiederholt haben und dass es nach der Teilung keine Wiederholung mehr gibt.

Die Zweite Normalform ist eine Tabelle, in der ein Schlüssel, der Primärschlüssel, Daten in anderen Spalten identifizieren kann. Im Zusammenhang mit einer relationalen Datenbank nennt man es auch „voll funktional abhängig", dass ein Wert in einer bestimmten Spalte Werte in anderen Spalten bestimmt. Für die Zweite Normalform wird die Tabelle so zerlegt, dass die Werte in allen anderen Spalten vom Primärschlüssel abhängig sind.

Die Dritte Normalform ist eine Tabelle, in der jedes Attribut (das kein Schlüssel ist) von keinem Schlüssel abhängt. Im Zusammenhang mit einer relationalen Datenbank nennt man es „transitiv abhängig", wenn ein Wert in einer bestimmten Spalte die Werte in anderen Spalten nur indirekt bestimmt (das ist Teil einer funktional abhängigen Operation). Für die Dritte Normalform wurde die Tabelle zerlegt, sodass transitiv abhängige Werte herausgefallen sind.

Übung: Normalisieren wir eine Tabelle!

Wie werden die Tabellen in den folgenden Beispielen normalisiert?

Aufgabe 5

Mit der folgenden Tabelle handhaben wir das Entleihen von Büchern (wie es schon in Beispiel 2 vorgestellt wurde). Um welche Normalform handelt es sich?

Ausleihnummer	Datum	Student Nr.	Name des St.	Adresse des St.	Abteilung	Jahr der Immatrikulation

Buchnr.	Titel	Autor	Erscheinungsdatum	Anzahl der Seiten

Leihnummer	Buchnummer	Menge

Aufgabe 6

Die folgende Tabelle enthält Informationen zum Ausleihstatus. Um welche Normalform handelt es sich?

Ausleihnr.	Datum	Student Nr.

Student Nr.	Name des St.	Adresse des St.	Abteilung	Jahr der Immatrikulation

Buchnr.	Titel	Autor	Erscheinungsdatum	Anzahl der Seiten

Ausleihnr.	Buchnr.	Menge

Aufgabe 7

Die folgende Tabelle enthält Informationen zu den monatlichen Verkäufen jedes Angestellten einer Abteilung. Verschiedene Angestellte gehören einer Abteilung an. Kein Angestellter gehört mehreren Abteilungen an. Normalisiere die Tabelle zur Dritten Normalform!

Angesteller Nr.	Name des Angest.	Monat	Verkäufe	Abteilungsnr.	Abteilungsname

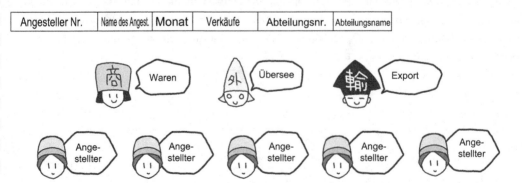

Aufgabe 8

Die folgende Tabelle repräsentiert ein System zur Annahme von Bestellungen. Erstelle die Dritte Normalform! Nimm an, dass ein Kunde eine Bestellung aufgibt. Eine Bestellnummer kann aber zu mehreren Produkten gehören. Außerdem wird jede Bestellung von einem Mitarbeiter angenommen.

Auftragsnummer	Datum	Kundennummer	Kundenname	Produktnr.	Produktname	Preis/Einh.	Nr. des Verantwortlichen	Name des Verantwortlichen	Menge

Aufgabe 9

Auch die folgende Tabelle repräsentiert eine Bestellannahme. Erstelle die Dritte Normalform. Nimm an, dass die Produkte nach ihrem Namen sortiert werden.

Auftragsnummer	Datum	Kundennummer	Kundenname	Produktnr.	Produktname	Preis/Einh.	Nummer der Produktart	Name der Produktart	Menge

Es ist wichtig, dass man eine Datenbank für die unterschiedlichsten Bedingungen entwerfen kann.

 # Schritte beim Entwurf einer Datenbank

Im Wesentlichen könnt ihr jetzt schon eine Datenbank entwerfen. Allerdings muss man dann doch noch etwas mehr tun. Man muss die Struktur innerhalb der Datenbank sehr genau entwerfen, aber zudem auch noch die Methoden, wie Daten eingegeben und aus der Datenbank entnommen werden sollen.

Allgemein kann man den Entwurf einer Datenbank (man sagt auch „Datenbankdesign") in drei Stufen unterteilen: „Konzept", „Internes Schema" und „Externes Schema".

Im Konzept wird die tatsächliche Welt modelliert. Hier legen wir also die logische Struktur der Datenbank fest. Das Konzept wird mithilfe eines ER-Modells entworfen, außerdem wird die Tabelle normalisiert.

Das Interne Schema betrachtet die Datenbank gewissermaßen „aus dem Computer heraus". Hier wird die physische Struktur der Datenbank festgelegt. Das Interne Schema wird entworfen, indem man eine Methode findet, die Datenbank schnellstmöglich zu durchsuchen.

Mit dem Externen Schema betrachtet man die Datenbank als Nutzer oder auch aus der Perspektive einer Anwendung, die auf die Datenbank zugreift. Das Externe Schema wird entworfen, indem man die Daten zur Verfügung stellt, die für diese Anwendungen erforderlich sind.

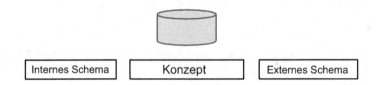

Internes Schema   Konzept   Externes Schema

Prinzessin Ruruna und Cain haben sich bislang beim Entwurf der Datenbank auf das Konzept konzentriert. Sie scheinen momentan also mitten in der Entwicklung der Datenbank zu stecken. Um den Entwurf der Datenbank abzuschließen, werden wir gleich im nächsten Kapitel die Datenbank benutzen.

Zusammenfassung

- Ein ER-Modell wird benutzt, um Entities und Relationships zu analysieren.
- Beziehungen zwischen Entities können vom Typ „eins-zu-eins", „eins-zu-vielen" oder „viele-zu-vielen" sein.
- Eine Tabelle für eine relationale Datenbank muss normalisiert sein.
- Der Entwurf einer Datenbank umfasst ein Konzept, ein Internes Schema und ein Externes Schema.

Lösungen

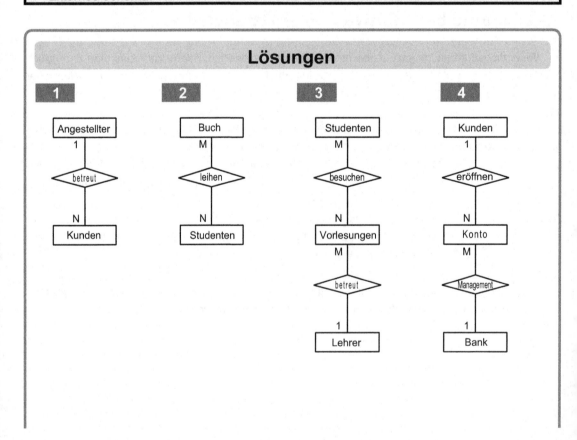

5   Zweite Normalform

6   Dritte Normalform

7

Angestellter Nr.	Monat	Verkäufe

Angestellter Nr.	Name d. Angestellten	Abteilungsnr.

Abteilungsnr.	Abteilungsname

8

Auftragsnummer	Datum	Nr. des Verantwortlichen	Kundennummer

Kundennummer	Kundenname

Auftragsnummer	Produktnr.	Menge

Produktnr.	Produktname	Preis/Einh.

Nr. des Verantwortlichen	Name des Verantwortlichen

B

Auftragsnummer	Datum	Kundennummer

Kundennummer	Kundenname

Auftragsnummer	Produktnummer	Menge

Produktnummer	Nummer d. Produktart	Produktname	Preis/Einh.

Nummer d. Produktart	Name d. Produktart

Datenbankdesign

In diesem Kapitel habt ihr erfahren, wie man eine relationale Datenbank entwirft. Allerdings gibt es noch andere Methoden des Datenbankdesigns. Nutzerfreundlichkeit und Effizienz einer Datenbank hängen von der Analyse und der Designmethode ab. Daher ist es wichtig, sich für die passende Methode zu entscheiden.

Beim Entwurf einer Datenbank muss man nicht nur eine Tabelle erstellen. Beispielsweise muss man auch berücksichtigen, welche Art von Daten man in der Tabelle benutzt. Außerdem muss man vielleicht die Spalten, die Buchstaben, Zahlen oder Währungen enthalten, etwas genauer beschreiben. Schließlich muss man sich für eine effiziente Suchmethode entscheiden, während man in anderen Fällen die physische Datenstruktur im Kopf behalten muss. Nicht zuletzt ist die Sicherheit der Datenbank sehr wichtig. Ihr seht, es gibt zahlreiche Faktoren, die man beim Entwurf einer Datenbank berücksichtigen muss. Schauen wir uns einige davon im nächsten Kapitel an!

Kapitel 4
Wir benutzen eine Datenbank –
Grundlagen von SQL

Also, weißt du, Cain! Wenn du nur über mich nörgeln willst, kannst du besser im Schloss bleiben!

Keuch

Pfeif

Zeter

Japs

A...aber ...

Ein Diener muss doch seiner Prinzessin folgen!

Wirkt dadurch extrem erwachsen ...

Du folgst mir nur, weil es deine Pflicht ist?

Und ich dachte, du wärst mein bester Freund!

Hä?

Wie jetzt ...

Du bist ein Schuft!

So war das doch nicht gemeint!

Und tschüss!

Prinzessin!

Bamm!

Matsch!

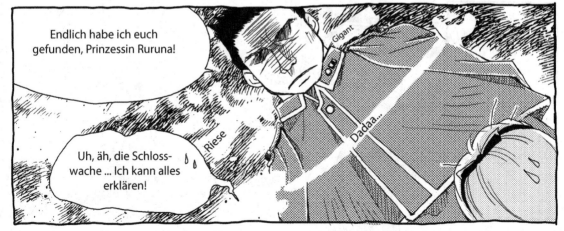

Endlich habe ich euch gefunden, Prinzessin Ruruna!

Gigant

Riese

Dadaa...

Uh, äh, die Schloss-wache ... Ich kann alles erklären!

88

Was hast du denn?

Oh, ähm, ...

... gar nichts!

Was ist nur los mit mir?

Huch?!

!!!

Hahaha

Wow!!

Wahnsinn!!

Trab

Hahaha!

Wow!!

RAMINESS!!

Prinz Raminess!

Wie geht es euch Schönheiten denn so?

Zwinker ...

Oh nein! Jetzt kommt Raminess auch noch hierher!

Cain, wir müssen unbedingt in den Laden gehen!

Wieso?

Hahaha!

Kreisch! Ohnmacht!

Ähm, lass uns noch ein bisschen Datenbanken üben!

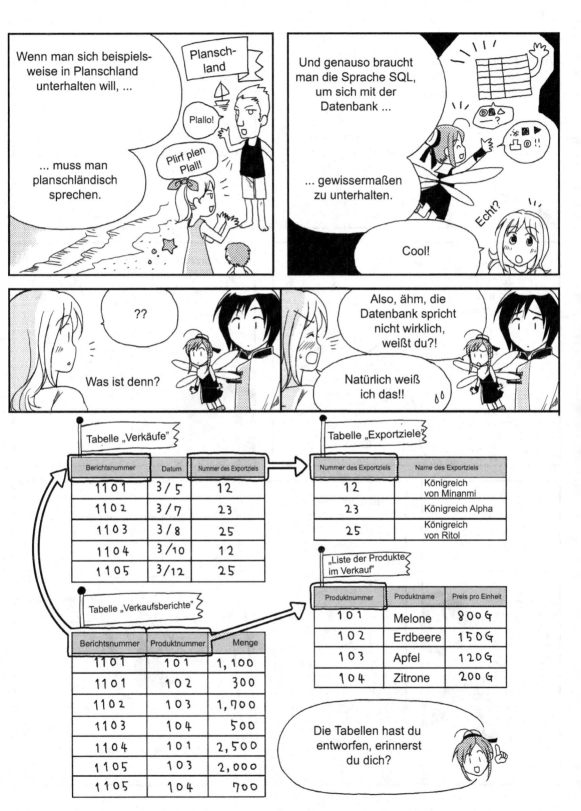

Also, du brauchst SQL, um diese Tabellen und Daten in die Datenbank zu bekommen.

Funktionen von SQL

• Tabellen erstellen

• Daten eingeben und abfragen

• Zugriff steuern

Über SQL kannst du dich mit deiner Datenbank über diese Aufgaben unterhalten ...

Aufgaben wie diese hier!

Klingt, als könnten wir eine Menge machen!

Funktionen von SQL
• Tabellen erstellen
• Daten eingeben und abfragen
• Zugriff steuern

Allerdings klingt's auch nach einer Menge Arbeit!

Kein Problem!

Du hast doch bis jetzt auch alles gut geschafft!

Genau!

Naja, ich möchte die Datenbank ja schon so schnell wie möglich einsetzen!

Das klingt gut!

Unsere Tabellen und Daten habe ich schon eingetippt!

Beep

Jetzt fragen wir Daten ab!

Datensuche mit SELECT

Wir fragen zuerst nur Produktnamen ab, um mithilfe von SQL eine Liste der Produktnamen zu erstellen.

Und wie geht das?

Wir bitten die Datenbank, uns nur die Spalte „Produktname" aus der ...

Oh!

... „Liste von Produkten" auszugeben!

Damm-da-damm-daa

Mr. Sandmaaan, äh, Datenbaaank, bring me a list ...

Diese Bitte muss man jetzt nur noch in SQL formulieren!

Bitte ...

Beten bringt da eigentlich nichts ...

Ich weiß ...

Wenn man SQL benutzt, ...

... muss man es so formulieren!

```
SELECT Produktname

FROM Produkte;
```

In SQL nennt sich eine Unterhaltung ein „Ausdruck".

Dieser SQL-Ausdruck besteht aus ein paar Wörtern, nämlich „SELECT Produktname" und „FROM Produkte".

Eine Gruppe von Wörtern nennt man auch eine „Phrase".

Für SQL bestimmt man die Spalte, die man abfragen möchte, mit der SELECT-Phrase. Und den Namen der Tabelle, aus der man die Daten abfragen möchte, bestimmt man mit der FROM-Phrase.

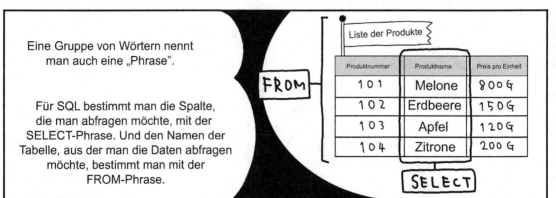

FROM

Liste der Produkte

Produktnummer	Produktname	Preis pro Einheit
101	Melone	800 G
102	Erdbeere	150 G
103	Apfel	120 G
104	Zitrone	200 G

SELECT

Und hier ist das Ergebnis!

So kann man alle Produktnamen aus der „Liste der Produkte" abfragen!

Tataa!

Produktname
Melone
Erdbeere
Apfel
Zitrone

So unterhält man sich über SQL mit der Datenbank!

Ja, genau! Du kannst die gewünschten Daten abfragen, indem du verschiedene Phrasen anwendest!

Phrasen anwenden.

Hmm...

Eine Frage!

Wie geht das, wenn ich eine Liste mit allen Produkten haben will, die pro Einheit 200 G oder mehr kosten?

200 G oder mehr

In dem Fall kannst du natürlich nicht die ganze Spalte abfragen.

Ja, völlig klar.

Sondern nur die Produkte, die 200 G oder mehr kosten!

In dem Fall müssen wir unsere Bedingung mit ...

... der WHERE-Phrase genauer bestimmen!

WHERE

WHERE Preis pro Einheit>=200

So sieht es dann aus!

Na gut, aber ...

... es ist doch etwas unpraktisch, den Namen der Spalte dauernd ändern zu müssen, oder?

Kein Problem! Damit alle Spalten abgefragt werden, benutzt man ...

Cain wird mir langsam unheimlich ...

Hmm...

Los geht's!

... einfach einen Stern (*)!

Und so sieht es dann aus:

Tataaa!!

```
SELECT  *
FROM Produkte
WHERE Preis pro Einheit>=200;
```

Und schon ...

... haben wir alle Produkte, die pro Einheit 200 G oder mehr kosten!

Hier, bitte!

| Preis pro Einheit 200 G oder mehr | | |
Produktnummer	Produktname	Preis pro Einheit
101	Melone	800G
104	Zitrone	200G

So einfach können wir das abfragen!

Wenn man diese Bedingung jetzt etwas ändert, kann man auch die Produkte abfragen, die weniger als 200 G kosten!

WHERE Preis pro Einheit<200

So sieht das aus!

Super!

Vielleicht sollten wir uns anschauen, wie man solche Bedingungen formuliert?

Ich glaub' auch ...

Was müssen wir tun, um alle Informationen zu Äpfeln abzufragen?

Wir schreiben das so! Und immer, wenn wir Buchstaben abfragen oder ganze Wörter, so wie „Apfel", setzen wir die in Anführungszeichen!

```
SELECT *
FROM Produkte
WHERE Produktname="Apfel";
```

Produktnummer	Produktname	Preis pro Einheit
103	Apfel	120 G

Und so erhalten wir alles zu „Äpfeln"!

Ganz genau!

Und wenn wir den Produktnamen nicht genau kennen?

Was machen wir dann?

Wir kombinieren LIKE und ein bestimmtes Symbol. Das klingt komplizierter, als es ist!

Den unbekannten Teil ersetzen wir durch „%", das sieht dann so aus.

Damit erhalten wir alle Produktnamen, die auf „o" enden ... im Japanischen natürlich!

```
SELECT *

FROM Produkte

WHERE Produktname LIKE'%o';
```

Produktnummer	Produktname	Preis pro Einheit
102	ichigo	150G
103	ringo	120G

Toll, so kann man auch etwas finden, wenn man nicht genau weiß, wie es geschrieben wird!

Sehr praktisch!

Ja, genau!

Du kannst die Ergebnisse auch sortieren lassen!

So werden die Produkte nach ihrem Preis sortiert, beginnend mit dem niedrigsten!

So kann man eine Menge über Produkte herausfinden!

Nicht schlecht!

```
SELECT   *
FROM Produkte
WHERE Produktname LIKE'%o'
ORDER BY  Preis pro Einheit;
```

Produktnummer	Produktname	Preis pro Einheit
103	ichigo	120 G
102	ringo	150 G

Neugier!

Ich will mehr über SQL erfahren, Tico!

Schüttel

Wirklich?

Freu!

Wie wär's damit?

Schreib AVG in die SELECT-Phrase und dann in Klammern den Namen der Spalte. So berechnest du den Durchschnitt der Spalte!

```
SELECT AVG (Preis pro Einheit)

FROM Produkt;
```

Tataa!

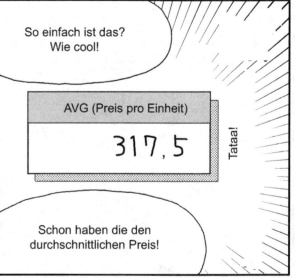

So einfach ist das? Wie cool!

AVG (Preis pro Einheit)
317,5

Tataa!

Schon haben die den durchschnittlichen Preis!

Oh, ich wusste nicht, wo der durchschnittliche Preis liegt!

Ich glaube, ich muss noch eine Menge über mein eigenes Königreich lernen ...

AVG (Preis pro Einheit)

317,5

Kann schon sein!

In SQL gibt es Funktionen, mit denen man die abgefragten Werte zusammenfassen kann.

Das ist auch ziemlich praktisch!

Dann kann man auch noch andere Werte abfragen außer dem Durchschnitt?

Klar!

Neben dem Durchschnitt kann man auch die Anzahl von Gegenständen oder Werten, eine Summe, das Minimum und das Maximum mit speziellen Funktionen abfragen!

Zusammenfassende Funktionen

Zusammenfassende Funktion	Beschreibung
COUNT (*)	Berechnet die Anzahl der Zeilen.
COUNT (Spalte)	Berechnet die Anzahl der Zeilen außer solchen mit dem Wert 0.
COUNT (DISTINCT Spaltenname)	Berechnet die Anzahl der Zeilen außer solchen mit dem Wert 0 und außer doppelten Zeilen.
SUM (Spaltenname)	Berechnet die Summe der Werte in dieser Spalte.
AVG (Spaltenname)	Berechnet den Durchschnitt der Werte in dieser Spalte.
MAX (Spaltenname)	Berechnet das Maximum der Werte in dieser Spalte.
MIN (Spaltenname)	Berechnet das Minimum der Werte in dieser Spalte.

Diese Funktionen gibt es!

Wow, so viele!

Was macht man, um den Produkttyp zu ändern?

Wir nehmen COUNT!

Schieb

COUNT

Und wenn man wissen will, welches das teuerste Produkt ist?

Nehmen wir MAX!

Schieb

MAX

Mit SQL kann man wirklich Daten für die verschiedensten Zwecke zusammenfassen!

Man gruppiert die Daten einfach, um sie zusammenzufassen!

Ja, diese Funktionen sind wirklich sehr nützlich!

Aber ...

... wie ist das mit dem aktuellen Verkaufsbericht?

Nicht schon wieder diese Retro-Brille!

Das ist so ...

Wir werden jetzt einfach einen aktuellen Verkaufsbericht mit SQL erstellen!

Swoosh

Wir verbinden Tabellen

Um einen Verkaufsbericht zu erstellen, müssen wir Daten abfragen, indem wir die Liste der Produkte sowie die Tabellen „Exportziele", „Verkäufe" und „Verkaufsberichte" verbinden.

Oh-oh!

Genau. Vor der Normalisierung gab's ja nur eine Tabelle.

Tabellen zu verbinden, nennt man JOIN oder eben Verbindung.

SQL fordert als Bedingung, dass der Primärschlüssel gleich dem Fremdschlüssel ist, der auf den Primärschlüssel referiert.

Ähm, und was heißt das genau?

Man verbindet Spalten einfach, indem man ein Komma zwischen ihre Bezeichnung setzt!

Sollte es gleiche Bezeichnungen für Spalten geben, setze einen Punkt zwischen Tabellennamen und Spaltenbezeichnung.

```
SELECT Verkäufe.Berichtsnummer,Datum,
       Verkäufe.Nummer des Exportziels,Name des Exportziels,
       Verkaufsbericht.Produktnummer,Produktname,Preis pro Einheit,
       Exportziel
FROM   Verkäufe,Verkaufsbericht,Produkt,Exportziel
WHERE  Verkäufe.Berichtsnummer=Verkaufsbericht.Berichtsnummer
       AND
       Verkaufsbericht.Produktnummer=Produkt.Produktnummer
       AND
       Exportziel.Nummer des Exportziels=Verkäufe.Nummer
       des Exportziels
```

Also: TABELLENNAME.SPALTEN-BEZEICHNUNG

Wenn wir das machen, können wir die Daten für den Verkaufsbericht abfragen. Wir verbinden die Tabellen, obwohl sie eigentlich zerlegt sind.

Berichtsnummer	Datum	Nummer des Exportziels	Name des Exportziels	Produkt-nummer	Produkt-name	Preis pro Einheit	Menge
1101	3/5	12	Königreich von Minanmi	101	Melone	800 G	1,100
1101	3/5	12	Königreich von Minanmi	102	Erdbeere	150 G	300
1102	3/7	23	Königreich Alpha	103	Apfel	120 G	1,700
1103	3/8	25	Königreich von Ritol	104	Zitrone	200 G	500
1104	3/10	12	Königreich von Minanmi	101	Melone	800 G	2,500
1105	3/12	25	Königreich von Ritol	103	Apfel	120 G	2,000
1105	3/12	25	Königreich von Ritol	104	Zitrone	200 G	700

Und wir haben wieder unsere ursprüngliche Tabelle!

Wahnsinn!

So kann man Daten für den Verkaufsbericht abfragen und dennoch gleichzeitig Produkte, Exportziele und Verkäufe unabhängig handhaben.

Oh!

Eine Tabelle erstellen

Also, Tico, du hast diese Tabelle doch mithilfe von SQL erstellt, oder?

Du hattest zuvor schon Tabellen und Daten eingegeben, oder?

Diese hier ...

Stimmt!

Wie hast du das eigentlich gemacht?

CREATE TABLE

Man benutzt dafür den Ausdruck CREATE TABLE!

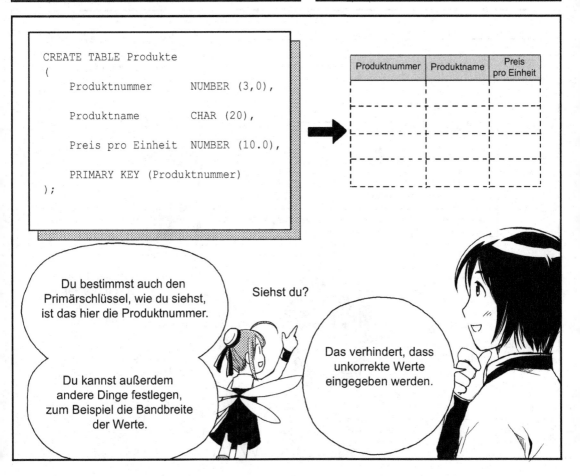

```
CREATE TABLE Produkte
(
    Produktnummer        NUMBER (3,0),

    Produktname          CHAR (20),

    Preis pro Einheit    NUMBER (10.0),

    PRIMARY KEY (Produktnummer)
);
```

Produktnummer	Produktname	Preis pro Einheit

Du bestimmst auch den Primärschlüssel, wie du siehst, ist das hier die Produktnummer.

Du kannst außerdem andere Dinge festlegen, zum Beispiel die Bandbreite der Werte.

Siehst du?

Das verhindert, dass unkorrekte Werte eingegeben werden.

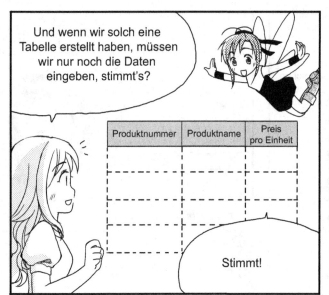

Und wenn wir solch eine Tabelle erstellt haben, müssen wir nur noch die Daten eingeben, stimmt's?

Produktnummer	Produktname	Preis pro Einheit

Stimmt!

Du kannst dafür den Ausdruck INSERT TABLE benutzen!

INSERT

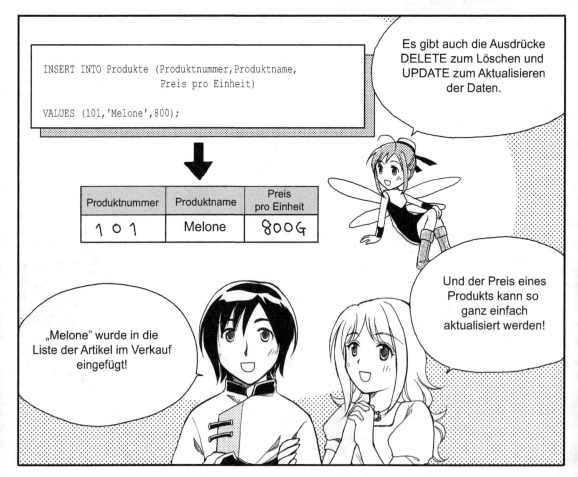

```
INSERT INTO Produkte (Produktnummer,Produktname,
                      Preis pro Einheit)

VALUES (101,'Melone',800);
```

Produktnummer	Produktname	Preis pro Einheit
1 0 1	Melone	800G

Es gibt auch die Ausdrücke DELETE zum Löschen und UPDATE zum Aktualisieren der Daten.

Und der Preis eines Produkts kann so ganz einfach aktualisiert werden!

„Melone" wurde in die Liste der Artikel im Verkauf eingefügt!

Funktionen von SQL

Prinzessin Ruruna und Cain haben die Funktionen von SQL (Structured Query Language) kennenge-lernt, eine Datenbanksprache, mit der man eine relationale Datenbank betreiben kann. SQL verfügt über diese Funktionen:

① **DDL (Data Definition Language)** – Definiert eine Tabelle (bzw. ein Datenbankschema).
② **DML (Data Manipulation Language)** – Manipuliert Daten und fragt Daten ab.
③ **DCL (Data Control Language)** – Steuert den Nutzerzugriff (Rechteverwaltung).

① SQL ist mit einer Funktion ausgestattet, die das Gerüst der Datenbank festlegt, beispielsweise, um eine bestimmte Tabelle in der Datenbank zu erzeugen. Die Tabelle kann auch verändert oder gelöscht werden. Eine Datenbanksprache mit dieser Funktion nennt man DDL (Data Definition Language).

② SQL verfügt über eine Funktion, mit der man Daten in der Datenbank handhaben (z. B. ändern oder abfragen) kann. Diese Funktion enthält auch eine Datensuche. Darüber hinaus kann man Daten in die Tabelle einfügen, Daten löschen oder aktualisieren. Eine Datenbanksprache mit dieser Funktion nennt man DML (Data Manipulation Language).

③ Schließlich kann man in SQL den Zugriff auf die Datenbank kontrollieren. So lassen sich Daten-konflikte auch dann ausschließen, wenn mehrere Benutzer gleichzeitig auf die Datenbank zugreifen. Eine Datenbanksprache mit dieser Funktion nennt man DCL (Data Control Language).

 # Noch einmal: Datensuche mit SELECT

Prinzessin Ruruna und Cain haben zuerst die Suchfunktion kennengelernt, eine der vielen Funktionen von SQL. Wird ein Ausdruck eingegeben, sucht SQL nach Daten.

Eine Funktion in SQL besteht aus der Kombination bestimmter Begriffe. SELECT gehört zu den grundlegenden Ausdrücken in SQL, mit denen man eine Funktion erstellen kann. Sucht man nach ei-nem Produkt mit dem Preis pro Einheit von 200 G, benutzt man diese Funktion:

```
SELECT *
FROM   Produkt
WHERE  Preis pro Einheit=200
```

Erstellt durch die Kombina-tion von Phrasen einen SQL-Ausdruck.

Die Funktion fragt an, „welche Spalte (SELECT)", „in welcher Tabelle (FROM)", „welche Bedingung (WHERE)". Diese drei Ausdrücke werden kombiniert, um eine Anfrage an SQL zu starten. Durch diese Funktionen können auch Benutzer, die sich mit Datenbanken nicht auskennen, Anfragen starten und dann mit den Ergebnissen arbeiten.

 ## Bedingungen mit Vergleichsoperatoren

Cain sagt: „Ich schaue mir mal an, wie man eine Bedingung erstellt." Für SQL-basierte Anfragen kann man verschiedene Daten abfragen, indem man eine bestimmte Bedingung erstellt. Eine Bedingung kann beispielsweise ein Vergleich sein. Als Vergleichsoperatoren kann man >= (größer/gleich) oder = (gleich) benutzen. A >= B bedeutet also, „A ist größer oder gleich B", während A = B bedeutet, dass A und B genau gleich sind.

Außerdem gibt es die folgenden Vergleichsoperatoren:

Vergleichsoperator	Beschreibung	Beispiel	Erläuterung
A = B	A ist gleich B.	Preis/Einheit=200	Der Preis einer Einheit beträgt 200 G.
A > B	A ist größer als B.	Preis/Einheit>200	Der Preis einer Einheit ist größer als 200 G.
A >= B	A ist größer oder gleich B.	Preis/Einheit>=200	Der Preis einer Einheit beträgt 200 G oder mehr.
A < B	A ist kleiner als B.	Preis/Einheit<200	Der Preis einer Einheit ist kleiner als 200 G.
A <= B	A ist kleiner oder gleich B.	Preis/Einheit<=200	Der Preis einer Einheit beträgt 200 G oder weniger.
A <> B	A ist ungleich B.	Preis/Einheit<>200	Der Preis einer Einheit ist ungleich 200 G.

■ Vergleichsoperatoren

 ## Begingungen mit logischen Operatoren

In manchen Fällen benötigt man aber andere Operatoren als Vergleichsoperatoren. Dann benutzt man etwas, das man „logischen Operator" nennt, um eine Bedingung zu erstellen. Der Einsatz von logischen Operatoren erlaubt es, Bedingungen zu kombinieren. Dadurch kann man auch komplexere Bedingungen gut beschreiben. Logische Operatoren erlauben es also, komplexe Bedingungen durch die Kombination von Bedingungen A und B auszudrücken, wie die folgende Tabelle zeigt.

■ Logische Operatoren

Logischer Operator	Beschreibung	Beispiel	Erläuterung
AND	A und B	Produktnr.>=200 AND Preis/Einh.=100	Die Produktnr. ist 200 oder höher und der Preis beträgt 100 G.
OR	A oder B	Produktnr.>=200 OR Preis/Einh.=100	Die Produktnr. ist 200 oder höher oder der Preis beträgt 100 G.
NOT	nicht A	NOT Preis/Einh.=100	Der Preis beträgt nicht 100 G.

 ## Eine Bedingung entwerfen, die ein Muster enthält

Wenn man eine Bedingung entwirft, kann es sein, dass man die Daten, auf die man sich bezieht, nicht genau kennt. In diesem Fall lässt man nach einem Muster suchen und benutzt eine sogenannte Wildcard, mit der ein Suchbegriff z. B. abgekürzt wird. Man benutzt dann % oder _ als Platzhalter und den Ausdruck „LIKE". So sucht man nach einem Wert, der nur teilweise mit dem Suchbegriff übereinstimmt und weitere Zeichen (%) oder ein weiteres Zeichen (_) enthalten kann. Hier ein Beispiel:

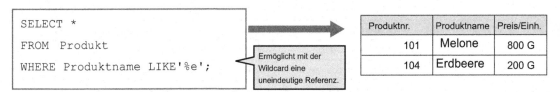

```
SELECT *
FROM Produkt
WHERE Produktname LIKE'%e';
```

Ermöglicht mit der Wildcard eine uneindeutige Referenz.

Produktnr.	Produktname	Preis/Einh.
101	Melone	800 G
104	Erdbeere	200 G

Mit diesem Ausdruck sucht man nach einer Zeichenkette in den Produktnamen, die mit einem „e" endet. Die Suche wird mithilfe einer Wildcard ausgeführt. Hier eine Übersicht der in SQL verwendeten Wildcards:

■ Wildcard

Wildcard	Beschreibung	Beispiel eines Musters	Beispiel für Treffer
%	Platzhalter für beliebig viele Zeichen.	%n n%	Erdbeeren, Melonen Nüsse, Nektarine
_	Platzhalter für ein Zeichen.	_n o_	an ob

Verschiedene Suchmöglichkeiten

Es gibt viele verschiedene Suchmöglichkeiten. Beispielsweise kann man nach einem bestimmten Wertebereich suchen lassen (BETWEEN ... AND ...). Wenn man etwa die folgende Funktion benutzt, werden Produkte gesucht, deren Preis pro Einheit zwischen 150 und 200 G liegt:

```
SELECT *
FROM Produkte
WHERE Preis pro Einheit
BETWEEN 150 AND 200;
```

> Gibt den Wertebereich für die Suche an.

Man kann außerdem die Bedingung IS NULL einfügen, wenn man nach Zeilen sucht, die den Wert 0 enthalten. Mit folgender Funktion werden Produkte gesucht, deren Preis pro Einheit 0 ist:

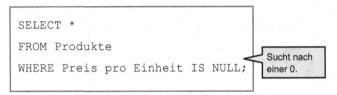

```
SELECT *
FROM Produkte
WHERE Preis pro Einheit IS NULL;
```

> Sucht nach einer 0.

Wie man eine Bedingung entwirft

Jetzt entwerfen wir einen Ausdruck in SQL und benutzen dafür die verschiedenen Bedingungen, die wir kennengelernt haben. Wir benutzen dafür die folgende Tabelle „Exportziel" (Einheit der Bevölkerung: Zehntausend).

Tabelle „Exportziele"

Nummer des Exportziels	Name des Exportziels	Bevölkerung
12	Königreich Minanmi	100
23	Königreich Alpha	120
25	Königreich Ritol	150
32	Königreich Sazanna	80

Löse die folgenden Aufgaben mithilfe von SQL!

Aufgabe 1

Wie können wir dieser Tabelle entnehmen, welche Länder eine Bevölkerung von einer Million oder mehr haben?

Nummer des Exportziels	Name des Exportziels	Bevölkerung
12	Königreich Minanmi	100
23	Königreich Alpha	120
25	Königreich Ritol	150

Aufgabe 2

Wie können wir dieser Tabelle entnehmen, welche Länder eine Bevölkerung von weniger als eine Million haben?

Nummer des Exportziels	Name des Exportziels	Bevölkerung
32	Königreich Sazanna	80

Aufgabe 3

Finde heraus, welche Länder mit einer Exportzielnummer kleiner 20 eine Million oder mehr Einwohner haben.

Aufgabe 4

Finde heraus, welche Länder mit einer Exportzielnummer von 30 oder höher eine Bevölkerung von mehr als einer Million haben.

Aufgabe 5

Wie groß ist die Bevölkerung des Königreichs Ritol?

Aufgabe 6

In den Namen welcher Königreiche ist ein „n" enthalten?

 ## Datengruppierung mit einer Funktion

Prinzessin Ruruna und Cain haben auch verschiedene Funktionen kennengelernt, um Daten zu gruppieren. Bei diesen Funktionen handelt es sich auch um Mengenfunktionen. Wenn man eine Funktion zur Datengruppierung benutzt, kann man Werte zu einem Maximum, einem Minimum oder einer Summe zusammenfassen.

Wenn man zusammen mit der Funktion zur Gruppierung einen WHERE-Ausdruck bestimmt, kann man für die entnommenen Reihen einen „Sammelwert" berechnen. Benutzt man etwa die folgende Funktion, so kann man die Anzahl der Produkte berechnen, deren Preis pro Einheit 200 G oder mehr beträgt.

```
SELECT COUNT(*)
FROM Produkte
WHERE Preis pro Einheit>=200;
```

COUNT(*)
2

 ## Daten durch Gruppierung zusammenfassen

Wenn man Daten gruppiert, kann man auf dieser Basis einen „Sammelwert" berechnen. Will man beispielsweise abhängig von der Region die Anzahl der Produkte und deren durchschnittlichen Preis pro Einheit berechnen, kann man dafür eine Funktion zur Gruppierung der Daten benutzen.

Um Daten zu gruppieren, kombiniert man die zusammenfassende Funktion mit dem Ausdruck GROUP BY. Nehmen wir an, die „Liste der Produkte" sähe so aus:

„Liste der Produkte"

Produktnr.	Produktname	Preis/Einh.	Region
101	Melone	800 G	Süden
102	Erdbeere	150 G	Mitte
103	Apfel	120 G	Norden
104	Zitrone	200 G	Süden
201	Kastanie	100 G	Norden
202	Kaki	160 G	Mitte
301	Pfirsich	130 G	Süden
302	Kiwi	200 G	Süden

Um den durchschnittlichen Preis pro Einheit abhängig von der Region zu berechnen, bestimmen wir die Spalte „Region" und die Funktion AVG für den Ausdruck GROUP BY. Dadurch werden Daten nach der Region gruppiert, um den durchschnittlichen Preis pro Einheit zu berechnen.

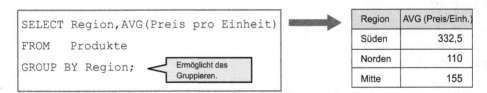

```
SELECT Region,AVG(Preis pro Einheit)
FROM   Produkte
GROUP BY Region;
```

Ermöglicht das Gruppieren.

Region	AVG (Preis/Einh.)
Süden	332,5
Norden	110
Mitte	155

Wie geht man nun vor, wenn man schwächere Bedingungen für einen Sammelwert wählen möchte? Angenommen, wir wollten herausfinden, die Produkte welcher Regionen einen durchschnittlichen Preis pro Einheit größer oder gleich 200 G haben. In einem solchen Fall benutzt man zur Festlegung der Bedingung nicht die WHERE-Phrase, sondern die HAVING-Phrase. Damit kann man nur Regionen auswählen, deren durchschnittlicher Preis pro Einheit 200 G oder mehr beträgt.

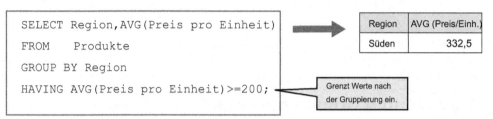

```
SELECT Region,AVG(Preis pro Einheit)
FROM    Produkte
GROUP BY Region
HAVING AVG(Preis pro Einheit)>=200;
```

Region	AVG (Preis/Einh.)
Süden	332,5

Grenzt Werte nach der Gruppierung ein.

Aufgaben zur Zusammenfassung und Gruppierung

Beantworte Aufgabe 7 mithilfe von Aufgabe 16 und benutze die folgende Tabelle „Exportziele" (Einheit der Bevölkerung: Zehntausend).

Tabelle „Exportziele"

Nummer des Exportziels	Name des Exportziels	Bevölkerung	Bezirk
12	Königreich Minanmi	100	Südmeer
15	Königreich Paronu	200	Mittelmeer
22	Königreich Tokanta	160	Nordmeer
23	Königreich Alpha	120	Nordmeer
25	Königreich Ritol	150	Südmeer
31	Königreich Taharu	240	Nordmeer
32	Königreich Sazanna	80	Südmeer
33	Königreich Mariyon	300	Mittelmeer

Aufgabe 7

Wie groß ist die kleinste Bevölkerung?

Aufgabe 8

Wie groß ist die größte Bevölkerung?

Aufgabe 9

Wie groß ist die Bevölkerung aller Länder, die in der Tabelle „Exportziel" enthalten sind?

Aufgabe 10

Wie groß ist die Bevölkerung aller Länder zusammen, deren Exportzielnummer 20 oder höher ist?

Aufgabe 11

Wie viele Länder gibt es, deren Bevölkerung eine Million oder größer ist?

Aufgabe 12

Wie viele Länder gehören zum Nordmeer?

Aufgabe 13

In welchem der zum Nordmeer gehörenden Länder ist die Bevölkerung am größten?

Aufgabe 14

Wie groß ist die Bevölkerung aller Länder ohne das Königreich Ritol?

Aufgabe 15

In welchen Regionen liegt die durchschnittliche Bevölkerungsgröße bei zwei Millionen oder mehr?

Aufgabe 16

Welche Regionen umfassen mindestens drei Königreiche?

 ## Suche mit einer Unterabfrage

In SQL stehen noch viel komplexere Abfragemethoden zur Verfügung. So kann etwa eine Abfrage in eine andere „eingebaut" (man sagt auch: eingebettet) werden. Das nennt man dann „Unterabfrage". Schauen wir uns einmal die folgende Tabelle an.

„Liste der Produkte"		
Produktnr.	Produktname	Preis/Einh.
101	Melone	800 G
102	Erdbeere	150 G
103	Apfel	120 G
104	Zitrone	200 G

Tabelle „Verkaufsberichte"

Berichtsnr.	Produktnr.	Menge
1101	101	1100
1101	102	300
1102	103	1700
1103	104	500
1104	101	2500
1105	103	2000
1105	104	700

Mithilfe dieser zwei Tabellen kann man nach den Namen von Produkten suchen, von denen 1000 oder mehr Einheiten verkauft wurden. Mit der folgenden Funktion wird in SQL eine entsprechende Suche ausgeführt:

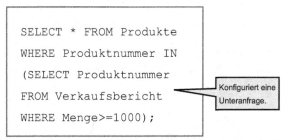

```
SELECT * FROM Produkte
WHERE Produktnummer IN
(SELECT Produktnummer
FROM Verkaufsbericht
WHERE Menge>=1000);
```

Konfiguriert eine Unteranfrage.

Mit diesem Ausdruck wird zuerst die Produktnummer in der Tabelle „Verkaufsberichte" gesucht; das Ergebnis ist 101 und 103. Diese Produktnummer wird nun für einen anderen SELECT-Ausdruck benutzt. Mit dem Ausdruck IN wird eine Bedingung formuliert, die für die in den anschließenden Klammern gesetzten Zeilen gilt. Es werden also Produkte gesucht, deren Produktnummer 101 oder 103 lautet. Bei einer Unteranfrage wird für die Suche das Ergebnis des SELECT-Ausdrucks innerhalb der Klammern an den SELECT-Ausdruck außerhalb der Klammern gesendet. So erhalten wir mit dieser Unteranfrage das folgende Ergebnis:

Produktnr.	Produktname	Preis/Einh.
101	Melone	800 G
103	Apfel	120 G

Datensuche mit einer korrelierenden Unteranfrage

Die Unteranfrage benutzt manchmal eine Tabelle, die außerhalb der Unteranfrage näher bestimmt wurde. Das nennt man dann eine „korrelierende Unteranfrage". In der folgenden Anfrage wird die Tabelle „Verkaufsberichte" sowohl für eine Anfrage außerhalb als auch eine Anfrage innerhalb des Ausdrucks benutzt. Das lässt darauf schließen, dass die außerhalb geänderte Tabelle für die Suche innerhalb geändert wurde. „U" steht hier für die Tabelle „Verkäufe".

Für die korrelierende Unteranfrage wird die Tabelle der „äußeren" Anfrage für die „innere" Anfrage benutzt. Deshalb kann die Anfrage innen nicht unabhängig benutzt werden.

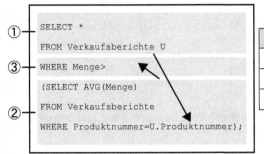

Berichtsnr.	Produktnr.	Menge
1104	101	2.500
1105	103	2.000
1105	104	700

Entnimmt Verkaufsberichte, in denen die verkaufte Menge über dem Durchschnitt liegt.

Schauen wir uns an, wie die korrelierende Unteranfrage ausgeführt wird. Zuerst wird in der korrelierenden Unteranfrage die äußere Anfrage implementiert.

① ─────
```
SELECT *
FROM Verkaufsberichte
```

Die erste Zeile, die in U umbenannt wurde, wird an die innere Anfrage übermittelt, um Zeilen mit derselben Produktnummer zu extrahieren.

② ─────
```
(SELECT AVG(Menge)
FROM Verkaufsberichte
WHERE Produktnummer=101)
```

Da die Produktnummer in der ersten Zeile 101 ist, wird das durchschnittliche Handelsvolumen 1800 in (2) berechnet. Das Ergebnis wird als Bedingung für die äußere Anfrage übermittelt.

③ ─────
```
WHERE Menge>(1800)
```

Die Anfrage extrahiert also die Fälle, in denen das Handelsvolumen über dem Durchschnitt liegt. Dann werden (2) und (3) für jede Zeile von (1) (also für jedes relevante Produkt) ausgeführt. Dementsprechend werden nur die fünfte, die sechste und die siebte Zeile ausgegeben.

Die korrelierende Unteranfrage berechnet das durchschnittliche Handelsvolumen für jedes Produkt, das in der Tabelle „Verkaufsberichte" enthalten ist, und entnimmt dann diejenigen, deren Handelsvolumen über dem Durchschnitt liegt.

Schauen wir uns diese Aufgaben an:

Aufgabe 17

Der Preis welchen Produktes liegt bei 300 G oder höher? Welches sind die zugehörigen Verkaufsberichte? Extrahieren die folgende Tabelle:

Berichtsnummer	Produktnr.	Menge
1101	101	1.100
1104	101	2.500

Aufgabe 18

Berechne das durchschnittliche Handelsvolumen auf Basis der Produkte und finde heraus, bei welchen Produkten das Handelsvolumen geringer als der Durchschnitt ist.

 ## Möglichkeiten zur Verbindung von Daten

Prinzessin Ruruna und Cain haben einen Verkaufsbericht erstellt, indem sie Tabellen verbunden haben. Verbindet man Tabellen über Spalten, die dieselbe Bezeichnung tragen, nennt man das „equi join".
Verbindet man duplizierte Tabellen zu einer, nennt man das „natural join". Diese Funktion wird normalerweise benutzt, um Tabellen miteinander zu verbinden.

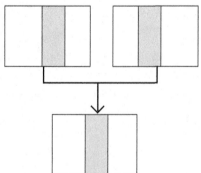

Werden nur Zeilen mit identischen Werten ausgewählt, nennt man das „inner join".

Im Gegensatz dazu nennt man die Methode, mit der man alle Zeilen, die nicht in einer anderen Tabelle enthalten sind, auf null setzt, „outer join". Setzt man diese beiden Tabellen jeweils rechts und links neben den SQL-Ausdruck, so nennt man das „left outer join" oder „right outer join".

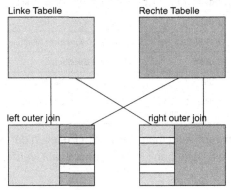

Linke Tabelle   Rechte Tabelle

left outer join   right outer join

 # Eine Tabelle erstellen

Ruruna und Cain haben auch gelernt, eine Tabelle zu erstellen. Hierfür wird der Ausdruck CREATE TABLE benutzt. Die Beschreibung innerhalb dieses Ausdrucks hängt häufig davon ab, welche Datenbank man genau benutzt. Hier ein Beispiel:

```
CREATE TABLE Produkte          Erstellt eine Tabelle.
(
    Produktnummer NUMBER(3,0),
    Produktname CHAR(20),
    Preis pro Einheit NUMBER(10,0),
    PRIMARY KEY (Produktnummer)
);
```

Wenn man eine Tabelle erstellt, muss man auch einen Spaltennamen vergeben. Zusätzlich kann man einen Primärschlüssel und einen Fremdschlüssel für die Spalte benennen. Im Beispiel oben ist die Produktnummer der Primärschlüssel. Beim Erstellen einer Tabelle muss man die Punkte beachten, die auf der folgenden Seite zusammengefasst sind.

Nachfolgend sind die Einschränkungen in einer Tabelle zusammengefasst:

Ausdruck	Beschreibung
PRIMARY KEY	Setzt einen Primärschlüssel.
UNIQUE	Ein Wert ist einzigartig.
NOT NULL	Der Wert 0 wird nicht akzeptiert.
CHECK	Prüft eine Bandbreite.
DEFAULT	Setzt einen Standardwert.
FOREIGN KEY REFERENCES	Setzt einen Fremdschlüssel.

Durch diese Einschränkungen vermeidet man, dass beim Erstellen der Tabelle problematischer Daten eingegeben werden. So kann die Datenbank korrekt gehandhabt werden.

 # Eine Zeile einfügen, aktualisieren oder löschen

Um eine Tabellenzeile einzufügen bzw. zu aktualisieren oder um sie zu löschen, benutzt man die Ausdrücke INSERT, UPDATE oder DELETE. Hier drei Beispiele:

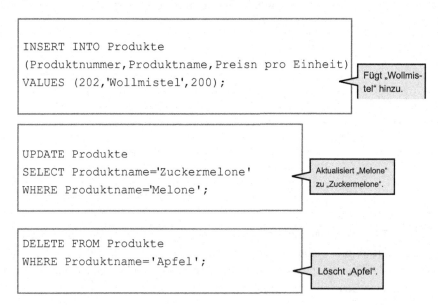

```
INSERT INTO Produkte
(Produktnummer,Produktname,Preisn pro Einheit)
VALUES (202,'Wollmistel',200);
```
Fügt „Wollmistel" hinzu.

```
UPDATE Produkte
SELECT Produktname='Zuckermelone'
WHERE Produktname='Melone';
```
Aktualisiert „Melone" zu „Zuckermelone".

```
DELETE FROM Produkte
WHERE Produktname='Apfel';
```
Löscht „Apfel".

Produktnr.	Produktname	Preis/Einh.	
101	Zuckermelone	800 G	Aktualisiert
102	Erdbeere	150 G	
103	Apfel	120 G	Gelöscht
104	Zitrone	200 G	
202	Wollmistel	200 G	Hinzugefügt

Wenn man eine Zeile einfügt, aktualisiert oder löscht, darf man die Einschränkungen, die wir kurz zuvor kennen gelernt haben, nicht verletzen. Wenn das Produkt mit der Nummer 202 bereits als Primärschlüssel, also mit der Spalte Produktnummer, registriert ist, kann man diese Zeile nicht hinzufügen, da duplizierte Daten kein Primärschlüssel sein dürfen. Daher muss man immer die in der Tabelle vorhandenen Einschränkungen beachten.

 # Eine sichtbare Tabelle erstellen

Auf der Basis unserer erstellten Tabelle kann man nun noch eine virtuelle Tabelle erstellen, die nur auf dem Bildschirm sichtbar ist. Man nennt sie deshalb auch eine sichtbare Tabelle. Die „eigentlichen" Tabellen im Hintergrund nennt man auch Basistabellen.

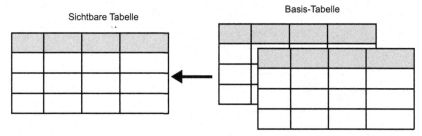

Sichtbare Tabelle

Basis-Tabelle

Eine sichtbare Tabelle kann man mit folgendem Ausdruck erstellen:

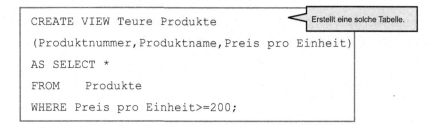

```
CREATE VIEW Teure Produkte                     Erstellt eine solche Tabelle.
(Produktnummer,Produktname,Preis pro Einheit)
AS SELECT *
FROM    Produkte
WHERE Preis pro Einheit>=200;
```

Die Tabelle „Teure Produkte" ist eine sichtbare Tabelle, die auf der Basis der Liste der Produkte erstellt wurde. Es wurden die Daten derjenigen Produkte entnommen, die pro Einheit 200 G oder mehr kosten.

Tabelle „Teure Produkte"

Produktnr.	Produktname	Preis/Einh.
101	Melone	800 G
104	Zitrone	200 G
202	Pfirsich	200 G

Hat man eine sichtbare Tabelle erstellt, kann man Daten ebenso wie in einer Basistabelle suchen.

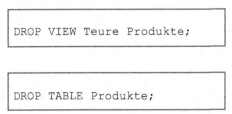

```
SELECT *
FROM Teure Produkte
WHERE Preis pro Einheit>=500;
```

Damit kann man diese Tabelle wie eine Basistabelle verwenden.

Eine sichtbare Tabelle ist dann praktisch, wenn man bestimmte Teile der Daten öffentlich machen möchte.
Schließlich gibt es auch Ausdrücke in SQL, um eine sichtbare Tabelle oder Basistabelle zu löschen. Es handelt sich um die folgenden zwei Ausdrücke:

```
DROP VIEW Teure Produkte;
```

```
DROP TABLE Produkte;
```

 ## Aufgaben zur Handhabung von Tabellen und Daten

Schauen wir uns jetzt noch ein paar Aufgaben an. Es geht darum, SQL-Anweisungen zu formulieren. In den Aufgaben ist die Einheit für die Bevölkerung jeweils 10 000.

Aufgabe 19

Die folgende Tabelle „Exportziele" ist mit dem Ausdruck CREATE TABLE erstellt. Ergänze vier Datensätze.

Tabelle „Exportziele"

Nummer des Exportziels	Name des Exportziels	Bevölkerung	Bezirk
12	Königreich Minanmi	100	Südmeer
15	Königreich Paronu	200	Mittelmeer
22	Königreich Tokanta	160	Nordmeer
23	Königreich Alpha	120	Nordmeer

Aufgabe 20

Erstelle aus der Tabelle „Exportziele" aus Aufgabe 19 eine Tabelle „Länder des Nördlichen Meers", die eben diese Länder enthält.

Tabelle „Länder am Nordmeer"

Nummer des Exportziels	Name des Exportziels	Bevölkerung
22	Königreich Tokanta	160
23	Königreich Alpha	

Aufgabe 21

Ändere die Bevölkerung des Königreichs von Tokanta in der Tabelle „Exportziele" in 1,5 Millionen.

Aufgabe 22

Lösche aus der Tabelle „Exportziele" alle Daten, die das Königreich von Paronu betreffen.

 ## SQL aus einer Anwendung heraus benutzen

Die wichtigsten Funktionen von SQL kennen wir jetzt schon.

Mit jedem Ausdruck, den wir kennen gelernt haben, kann man eine Anfrage an die Datenbank richten. Die folgende Abbildung zeigt, wie der SQL-Ausdruck über die interaktive Oberfläche (MySQL) an die Datenbank übermittelt wird, um ein Ergebnis zu erhalten. Die Anfrage an die Datenbank ist also interaktiv.

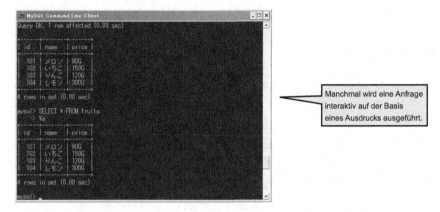

In vielen Fällen, wenn man eine Datenbank benutzt, gibt es bereits ein Anwendungsprogramm, beispielsweise zum Verkaufsmanagement oder Produktmanagement. Man benutzt dann SQL aus diesem Programm heraus. Es gibt mehrere Methoden, um SQL aus einer Programmiersprache heraus zu benutzen: zum einen das statische SQL, in dem SQL-Ausdrücke beim Kompilieren des Programms eingebunden werden, zum anderen das dynamische SQL, in dem SQL-Ausdrücke erst dann ausgeführt werden, wenn auch das Programm ausgeführt wird.

In der Programmiersprache Java, zum Beispiel, kann man auf eine Datenbank zugreifen und eine Anfrage formulieren, wenn man einen Treiber für dynamisches SQL hat. Vom Prinzip her funktioniert das dann so:

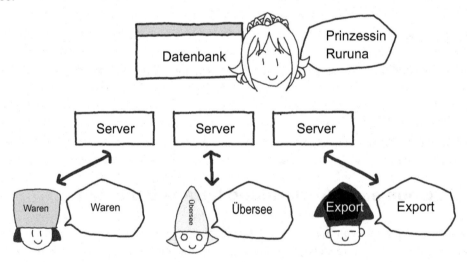

■ Beispiel für einen Java-Code der Basis von SQL

```java
import java.sql.*;

public class Obst
{
    public static void main(String args[])
    {
        try{
            String drv = "com.mysql.jdbc.Driver";
            String url = "jdbc:mysql:/// obstdb";
            String usr = "";
            String pw = "";


            Class.forName(drv);
            Connection cn = DriverManager.getConnection(url, usr, pw);


            Statement st = cn.createStatement();
            String qry = "SELECT * FROM Obst";


            ResultSet rs = st.executeQuery(qry);


            ResultSetMetaData rm = rs.getMetaData();
            int cnum = rm.getColumnCount();


            while(rs.next()){
                for(int i=1; i<=cnum; i++){
                    System.out.print(rm.getSpaltenname(i) +  "--"+ rs.getObject(i) + "  ");
                }
                System.out.println("");
            }
        ...
    }
```

> Gibt während der Ausführung einen SQL-Ausdruck aus.

> Ermöglicht Zugriff auf Basis von Zeilen.

Eine Zeile mit dem Cursor bewegen

Wie oben beschrieben wurde, kann man das Ergebnis einer Anfrage wie eine Tabelle behandeln, sobald man SQL interaktiv benutzt. Eine einfache Programmiersprache ist darauf jedoch nicht ausgelegt. Um dieses Problem zu lösen, braucht man eine Methode, um auf eine Tabelle zugreifen zu können, die durch die Entnahme von Zeilen entstanden ist. (SQL wurde in der Programmiersprache ausgeführt.) Man nennt das „Cursor", und das deutet an, dass es um die Position der Zeile geht, die man bewegen möchte. Bewegt man den Cursor Zeile für Zeile, kann man also auch Zeile für Zeile auf die Daten zugreifen. Benutzt man in der Programmiersprache eine Schleife, kann man auf mehrere Zeilen zugreifen. Entnimmt man einer Zeile Daten, indem man den Cursor benutzt, nennt man dies „Fetch". Auch im Java-Code auf der letzten Seite wird auf die Daten zeilenweise zugegriffen.

Produktnr.	Produktname	Preis/Einh.
101	Melone	800 G
102	Erdbeere	150 G
103	Apfel	120 G
104	Zitrone	200 G

Cursor

Zugriff auf die Zeilen.

So werden SQL-Anweisungen aus einem Programm heraus verarbeitet und Suchanfragen ermöglicht.

Zusammenfassung

- SQL verfügt über Funktionen, um Daten zu definieren, zu kontrollieren und mit ihnen zu operieren.
- Für die Suche nach Daten benutzt man SELECT.
- Um eine Bedingung festzulegen, benutzt man WHERE.
- Um Daten einzufügen, zu aktualisieren oder zu löschen benutzt man INSERT, UPDATE, oder DELETE.
- Um eine Tabelle zu erstellen, benutzt man CREATE TABLE.

Lösungen

A1

```
SELECT *
FROM Exportziele
WHERE Bevölkerung>=100;
```

A2

```
SELECT *
FROM Exportziele
WHERE Bevölkerung<100;
```

A3

```
SELECT *
FROM Exportziele
WHERE Nummer des Exportziels<20
AND Bevölkerung>=100;
```

Nummer des Exportziels	Name des Exportziels	Bevölkerung
12	Königreich Minanmi	100

A4

```
SELECT *
FROM Exportziele
WHERE Nummer des Exportziels>=30
OR Bevölkerung>100;
```

Nummer des Exportziels	Name des Exportziels	Bevölkerung
23	Königreich Alpha	120
25	Königreich Ritol	150
32	Königreich Sazanna	80

A5

```
SELECT Bevölkerung
FROM Exportziele
WHERE Exportziel='Königreich Ritol';
```

Bevölkerung
150

A6

```
SELECT *
FROM Exportziele
WHERE Exportziels
LIKE '%n%';
```

Nummer des Exportziels	Name des Exportziels	Bevölkerung
12	Königreich Minanmi	100
32	Königreich Sazanna	80

A7

```
SELECT MIN(Bevölkerung)
FROM Exportziele;
```

MiN(Bevölkerung)
80

A8

```
SELECT MAX(Bevölkerung)
FROM Exportziele;
```

MAX (Bevölkerung)
300

A9

```
SELECT SUM(Bevölkerung)
FROM Exportziele;
```

SUM(Bevölkerung)
1350

A10

```
SELECT SUM(Bevölkerung)
FROM Exportziele
WHERE Nummer des Exportziels>=20;
```

SUM(Bevölkerung)
1050

A11

```
SELECT COUNT(*)
FROM Exportziele
WHERE Bevölkerung>=100;
```

COUNT(*)
7

A12

```
SELECT COUNT(*)
FROM Exportziele
WHERE Bezirk='Nordmeer';
```

COUNT(*)
3

A13

```
SELECT MAX(Bevölkerung)
FROM Exportziele
WHERE Bezirk='Nordmeer';
```

MAX (Bevölkerung)
240

A14

```
SELECT SUM(Bevölkerung)
FROM Exportziele
WHERE NOT(Exportziel-
name='Königreich Ritol');
```

SUM(Bevölkerung)
1.200

A15

```
SELECT Bezirk, AVG(Bevölkerung)
FROM Exportziel
GROUP BY Bezirk
HAVING AVG(Bevölkerung)>=200;
```

Bezirk	AVG(Bevölkerung)
Mitte	250

A16

```
SELECT Bezirk, COUNT(*)
FROM Exportziele
GROUP BY Bezirk
HAVING COUNT(*)>=3;
```

Bezirk	COUNT(*)
Südmeer	3
Nordmeer	3

A17

```
SELECT * FROM Verkaufsberichte
WHERE Produktnummer IN
(SELECT Produktnummer FROM
Produkte
WHERE Preis/Einh.>=300);
```

Berichtsnr.	Produktnr.	Menge
1101	101	1100
1104	101	2500

A18

```
SELECT *
FROM Verkaufsberichte U
WHERE Menge<(SELECT AVG(Menge)
FROM Verkaufsberichte
WHERE Produktnummer= U.Produktnummer);
```

A19

```
INSERT INTO Exportziele(Nummer des
Exportziels,Name des Exportziels,
Bevölkerung,Bezirk)
VALUES(12,'Königreich
Minanmi,100,'Südmeer');
INSERT INTO Exportziele(Nummer
des Exportziels,Name des
Exportziels,Bevölkerung,Bezirk)
VALUES(15,'Königreich
Paronu,200,'Mitte');
INSERT INTO Exportziel(Nummer des
Exportziels,Name des Exportziels,
Bevölkerung,Bezirk)
VALUES(22,'Königreich
Tokanta',160,'Nordmeer);
INSERT INTO Exportziele(Nummer des
Exportziels,Name des Exportziels,
Bevölkerung,Bezirk)
VALUES(23,'Königreich
Alpha',120,'Nordmeer');
```

A20

```
CREATE VIEW Nordmeerländer(Nummer
des Exportziels,Name des
Exportziels,Bevölkerung)
AS SELECT Nummer des
Exportziels,Name des
Exportziels,Bevölkerung
FROM Exportziele
WHERE Bezirk='Nordmeer';
```

```
UPDATE Exportziele
SET Bevölkerung=150
WHERE Name des Exportziels='Königreich Tokanta';
```

```
DELETE FROM Exportziele
WHERE Name des Exportziels='Königreich Paronu';
```

Standardisierung von SQL

SQL ist durch die ISO (Internationale Organisation für Normung) standardisiert. In Japan ist SQL durch die JIS (Japanese Industrial Standards) standardisiert.

Es gibt SQL-Standards wie SQL92, herausgegeben 1992, oder SQL99, herausgegeben 1999. Tools für den Entwurf von relationalen Datenbanken sind so konzipiert, dass Anfragen an die Datenbank gemäß dieser Standards erfolgen.

Einige Tools haben aber ihre eigenen Spezifikationen. Schaut im Zweifelsfall in das Handbuch eures Tools.

Kapitel 5

Wir setzen die Datenbank ein

Was ist eine Transaktion?

Tipp Tipp

Pling

Pling

Tipp Tipp

Tipp Tipp

Pling

Tipp Tipp

Tipp Tipp

Ihr seht, das hier sind zusätzliche Daten!

Ich gebe sie gleich in die Datenbank ein!

Das ganze Schloss lernt nun, Datenbanken zu benutzen! Hurra!

Woosh!

Aaahh!

Könnt ihr euch nicht ganz normal verhalten?

Ihr ... argh!

Sorry!

Tico!

Verdammt!

Eine Datenbank wird vor allem entworfen, um möglichst einfach wichtige Operationen gleichzeitig ausführen zu können.

Mhm...

Das nennt man auch eine Transaktion!

Transaktion?

In diesem Beispiel ist all das zusammen eine einzelne Transaktion: eine READ-Operation, eine ADD-Operation und eine WRITE-Operation werden in einer einzigen Transaktion ausgeführt.

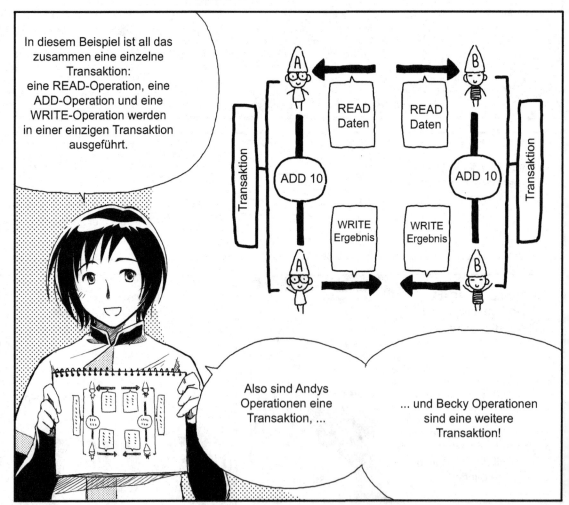

Transaktion

READ Daten

READ Daten

ADD 10

ADD 10

WRITE Ergebnis

WRITE Ergebnis

Transaktion

Also sind Andys Operationen eine Transaktion, ...

... und Becky Operationen sind eine weitere Transaktion!

Locks und Schlüssel

In Datenbanken werden Zugriffe verschiedener Benutzer kontrolliert, ...

... sodass nichts schiefgeht, wenn Benutzer gleichzeitig auf die Datenbank zugreifen!

Dafür benutzt man meist eine sogenannte „Sperre", auf Englisch heißt es „Lock", also „Schloss".

Klar!

Du meist „Schloss" wie „Schlüssel"?

Genau!

Du sperrst die Daten, sodass niemand unbefugt darauf zugreifen kann.

Daten

Daten

Ich erkläre es dir mit dem letzten Beispiel!

Du zeichnest wohl richtig gerne, oder?

Das wusste ich nicht!

Dreh

Klapp

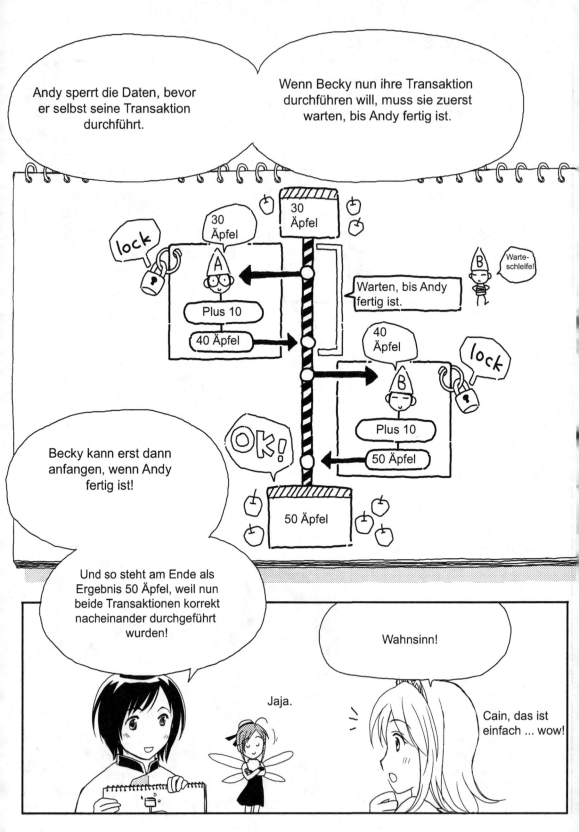

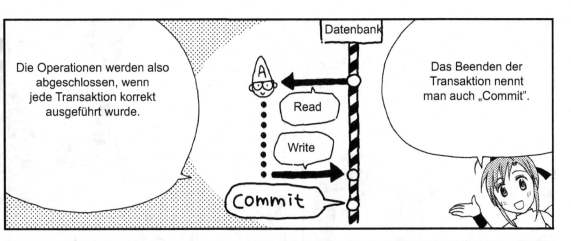

Die Operationen werden also abgeschlossen, wenn jede Transaktion korrekt ausgeführt wurde.

Datenbank

Read

Write

Commit

Das Beenden der Transaktion nennt man auch „Commit".

Ein Schloss ist wichtig für eine Datenbank, aber das Sperren von Informationen sollte sorgsam eingesetzt werden. Missbraucht man diese Funktion, kann auf Daten nicht mehr korrekt zugegriffen werden und das ist ja nicht der Sinn einer Datenbank!

Wir benutzen daher je nach Situation unterschiedliche Schlösser!

Und wie geht das?

Ein Benutzer kann einen Schlüssel benutzen, sodass andere Benutzer Daten zwar noch lesen, aber nicht überschreiben können. Man nennt das auch einen Read-Lock.

Solange dieses Schloss gültig ist, können andere Benutzer Daten lesen, ...

... aber keine Operationen ausführen, mit denen Daten überschrieben werden.

Read-Lock

Benutzer

Ok

Nö!

Benutzer

Lesen

Schreiben

Du musst die ganze Nacht gelernt haben!

Denkst du?

Äh, eigentlich nicht.

Er ist wirklich verlässlich, Ruruna!

♫ Träller

Findest du?

Also weiter!

In Ordnung!

Also, ...

... zurück zum Thema!

Manchmal kann die gleichzeitige Kontrolle mit einem Schloss zu einem Problem führen.

Andy

Becky

Ein Beispiel!

Andy hat einen exklusiven Schlüssel für die Daten zu Äpfeln.

... und Becky hat einen exklusiven Schlüssel für die Daten zu Erdbeeren.

lock

lock

Daten zu Äpfeln

Daten zu Erdbeeren

Mhm, kapiert!

Dann will Andy einen exklusiven Schlüssel für die Daten zu Erdbeeren benutzen und ...

... Becky einen exklusiven Schlüssel für die Daten zu Äpfeln.

gesperrt

gesperrt

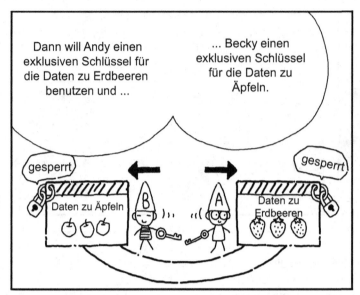

Daten zu Äpfeln

Daten zu Erdbeeren

Was passiert jetzt?

Ähm, ...

... da beide warten müssen, bis das Schloss durch den anderen Benutzer wieder geöffnet wird, ...

... kann keiner von beiden eine Operation durchführen. Stimmt das?

Mal sehen ...

Denk Grübel

Ja, vollkommen!

Sie können nicht weitermachen.

Äpfel

Erdbeeren

Es gibt keine Lösung, solange die Schlösser gesperrt bleiben.

Man kann jetzt nur schauen, welche Transaktionen seit einer gewissen Zeit in der Warteschleife sind, und ...

... diese Transaktionen abbrechen.

Abbruch

Wenn man Transaktionen abbricht, nennt man das auch einen Rollback.

Rollback?

Damit bricht man alle Operationen, die in dieser Transaktion enthalten sind, auf einmal ab!

Wenn zum Beispiel eine Transaktion nicht geklappt hat, mit der Früchte im Angebot nicht teurer als 150 G sein sollen, ...

... müssen sowohl die Operationen für Erdbeeren als auch für Äpfel und auch alle weiteren Früchte abgebrochen werden.

Verstehe!

Du meinst, für die Datenbank ist es so, als hätte erst gar keine Transaktion stattgefunden?

So ungefähr.

Äpfel

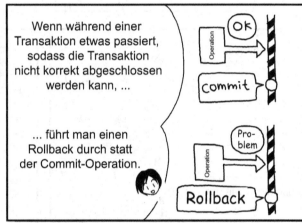

Wenn während einer Transaktion etwas passiert, sodass die Transaktion nicht korrekt abgeschlossen werden kann, ...

... führt man einen Rollback durch statt der Commit-Operation.

Operation — OK — Commit

Operation — Problem — Rollback

Das ist ganz wichtig! Eine Operation endet immer mit einem Commit oder mit einem Rollback.

Anders gesagt: Eine Transaktion endet nie mittendrin!

Sehr schön! So, Tico, und das nächste Thema ist ...

Datenbanksicherheit

Hallöchen!

Alles klar, Leute! Selbst wenn viele Leute auf die Datenbank zugreifen, können durch einen geschickten Entwurf der Datenbank Probleme verhindert werden.

Aahhh!

Zwinker, zwinker ...

Raminess! Aus dem Nichts!

Hahaha!

Raminess ist geschwind wie der Wind!

Ähm, oder so ...

HA HA HA Wie ☆ lahm!

Und ich bin nicht die süße Tico!

Grabsch

...

Was zur ... machst du hier?

Reg dich doch nicht auf! Ich bin's schließlich.

Da soll ich mich nicht aufregen?

Sieh dir das an!

Unsere Artikelliste!

▼ Liste von Produkten im Verkauf

Produktnr.	Produktname	Preis/Einheit
1 0 1	Melone	10 000 G
1 0 2	Erdbeere	12 500 G
1 0 3	Apfel	8 000 G
1 0 4	Zitrone	6 000 G
2 0 1	Kastanie	9 000 G
2 0 2	Kaki	12 400 G
3 0 1	Pfirsich	5 000 G
3 0 2	Kiwi	6 000 G

Was stimmt denn nicht?

Die Preise!

Die Preise?

!!!

Aaahh!
Die Zahlen in der letzten Spalte sind vollkommen falsch!

Melonen für 10 000 G?!

Wie kann das sein?!

Wir müssen die Datenbank schützen, damit so etwas nicht noch einmal passieren kann!

Glaubt uns, Ramiress, und entschuldigt nochmals dieses Problem!

...

Hm, was genau wollt ihr denn machen, damit das nicht wieder passieren kann?

Die Ursache des Problems war, dass alle im Königreich Kodo auf die Datenbank zugreifen können.

Wir müssen den Zugriff auf unsere Datenbank limitieren, es dürfen nur noch wenige Leute Änderungen an der Datenbank vornehmen!

Das heißt?

Eine gute Lösung könnte ein Benutzername mit Passwort sein. So könnte man entscheiden, welchem Benutzer man vertraut und Zugriff auf die Datenbank gestatten will.

Hört sich gut an!

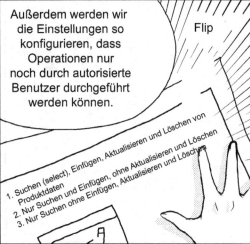

Außerdem werden wir die Einstellungen so konfigurieren, dass Operationen nur noch durch autorisierte Benutzer durchgeführt werden können.

Flip

1. Suchen (select), Einfügen, Aktualisieren und Löschen von Produktdaten
2. Nur Suchen und Einfügen, ohne Aktualisieren und Löschen
3. Nur Suchen ohne Einfügen, Aktualisieren und Löschen

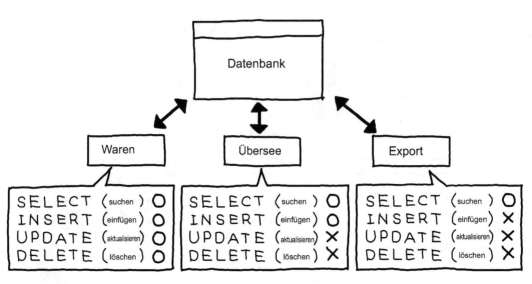

- Personal der Warenabteilung darf Daten suchen, einfügen, aktualisieren und löschen.
- Personal der Überseeabteilung darf Daten suchen und einfügen, aber nicht aktualisieren oder löschen.
- Personal der Exportabteilung darf Daten suchen, aber nicht einfügen, aktualisieren oder löschen.

So in etwa?

Nicht nur ist die Zahl der Benutzer jetzt begrenzt, sie können auch nicht mehr alle Operationen ausführen!

So können wir Probleme wie das vorhin in Zukunft vermeiden.

Ähm, ja, abgesehen davon wollte ich noch kurz sagen ...

Das ist eine gute Gelegenheit, über unsere Hochzeit zu sprechen und ...

Da fällt mir gerade noch was ein!

Dreh

Schneller suchen durch Indizierung

Wenn die Größe der Datenbank immer weiter ansteigt und außerdem immer mehr Leute darauf zugreifen können, ...

... entstehen vielleicht noch andere Probleme.

. . . . .

Ja, das stimmt.

Hmm...

Je größer das Datenvolumen wird, ...

... desto langsamer könnte die Suche werden.

Ja, genau!

Glaubst du noch immer, dass man einer Datenbank vertrauen kann?

Stampf!

In diesem Fall ...

Zuck

... sollten wir die Daten indizieren!

Indizieren?

Also, so wie Index? Du meinst so eine Art Inhaltsverzeichnis, wie es auch in Büchern ist?

Prinzessin ... Vergessen wir doch die Datenbank und reden lieber über unsere Hochzeit!

Ganz genau!

Nehmen wir mal an, wir wollten in diesem Buch über Datenbanken den Begriff „Transaktion" nachschlagen.

Okay

Wenn wir einfach das ganze Buch durchblättern, dauert das ewig. Viel praktischer ist es, das Stichwortverzeichnis am Ende zu benutzen.

Seufz

Hmm...

Im Index finden wir den Eintrag „Transaktionen", und dahinter steht die Referenzseite. Das ist die Seite im Buch, auf der wir Informationen zu „Transaktionen" finden.

Index

Transaktion

Referenzseite

Mit einem Index kann man die gesuchte Information viel schneller finden!

Du hast Recht!

In einer Datenbank funktioniert es ganz genau so!

Was?!

148

Wir entwerfen einen Index für Produktnummern!

Dann kann man ganz schnell herausfinden, wo die Produktdaten gespeichert sind, hier zum Beispiel für das Produkt mit der Nummer 101.

101 Melone

Daten

Die Nummer sagt dir, wo du die weiteren Produktdaten finden kannst.

Das Erstellen von einem Index nennt man auch das Indizieren von Daten und die Suche wird dadurch viel schneller!

Ich kapiere zwar gerade gar nichts, aber egal!

Mhm, klar.

Nein, lieber nicht!

Ich kann noch mal alles von Anfang an erklären!

Es kostet bei einer Suche sehr viel Zeit, jede Zeile einzeln nach bestimmten Daten abzusuchen.

Flieg

Mit der Indizierung können wir die Zugriffsrate senken!

Eine niedrigere Zugriffsrate führt dazu, dass die Suche schneller wird!

Die WAS?

Starr

Hey, mit wem sprichst du gerade?

Da ist doch niemand!

Aufpassen, Prinzessin!

Schock!

Ähm, ich rede manchmal mit mir selbst!

Hahaha!

Tico

Raminess kann Tico ja nicht sehen.

Also, Leute, normalerweise werden solche Indizes von den Administratoren vergeben! So nennt man die Leute, die die Datenbank verwalten und alles einstellen.

Hat das denn nieein Ende?

Aber irgend wie leider cheint...

Andererseits, nur weil man die Rechte dazu hat, Indizes zu erstellen, sollte man nicht übertreiben! Zu viele Indizes stören die Effizienz.

Stimmt das?

Ist das gut oder schlecht?

Tuschel

Naja, stell dir doch einfach vor, ein Buch hätte nicht nur ein Stichwortverzeichnis, sondern Dutzende, die eigentlich die gleichen Informationen enthalten! Das wäre doch total sinnlos!

Kicher

Abgesehen davon: Sobald du die Daten aktualisierst, musst du die Indizes auch aktualisieren, und das kostet natürlich sehr viel Zeit, wenn du so viele Indizes hast!

Hm, naja, klappt es mit der Datenbank wohl!

Haha

Tico wusste es doch gleich!

Datenbanken sind offenbar doch nützlicher, ...

Woher kommt denn die Rose schon wieder?

... als ich dachte.

Aber das kann mich nicht beeindrucken! Es gibt noch wichtigere Themen!

Zack

Huch!

Zum Beispiel ...

Was passiert, wenn mal der Strom ausfällt? Wahrscheinlich sind dann alle Daten futsch!

Schwarz

Daten

Daten

Kein Problem!

Lösung!

In dem Fall gibt es die Datenwiederherstellung!

Daten-wiederherstellung?

Ja, damit können die Daten gerettet werden, wenn es Probleme gibt.

Daten

Verstehe ...

👑 Datenwiederherstellung

In einer Datenbank gibt es Aufzeichnungen, man nennt das auch Log. Und die werden immer dann aufbewahrt, wenn eine Datenoperation durchgeführt wird, stimmt's?

Log

Genau!

Log

Log

Datenbank

Log

So werden die Änderungen, die ein Benutzer in der Datenbank durchführt, aufgezeichnet!

Aufzeichnungen, hm ...

Besonders wichtig sind natürlich die Aufzeichnungen vor und nach einer Änderungen, also, die Datenwerte vor und nach der Operation.

Äh ...

Was ist denn, Tico?

Flüster

......

So langsam findet er Datenbanken auch interessant!

Flüster

Raminess? Bist du dir da sicher?

Ähm, und was ist, wenn die Transaktion noch nicht abgeschlossen wurde?

Eine Frage ...

Kein Problem! Dann führen wir einfach den Rollback durch!

In einem Rollback werden die Werte wiederhergestellt, die wir vor der Transaktion hatten.

Daten A

Rollback

Daten A

Ursprünglicher Zustand

Anders gesagt: Der Zustand vor der Transaktion wird wiederhergestellt!

Das System stellt die Daten wieder her und stellt außerdem sicher, dass es keine Inkonsistenzen in den Daten gibt.

Ähem ...

Ich kenne zwar diese ganzen Begriffe wie Commit oder Transaktion nicht, aber ...

Hmm

... es sieht so aus, als seien Datenbanken wirklich sicher!

Seufz

Siehst du?

Eine Datenbank kommt selbst mit den größten Problemen zurecht!

Die Eigenschaften von Transaktionen

Cain hat sich sehr genau mit Transaktionen beschäftigt. Benutzer einer Datenbank können nach Daten suchen, Daten einfügen, aktualisieren oder Daten löschen. Eine Menge zusammengehöriger Operationen, die durch einen Benutzer ausgeführt werden, nennt man eine Transaktion.

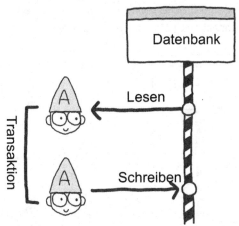

Wenn mehrere Benutzer gleichzeitig auf die Datenbank zugreifen, ist es sehr wichtig sicherzustellen, dass die verschiedenen Transaktionen keine Probleme oder Inkonsistenzen verursachen. Außerdem müssen Daten auch dann vor Inkonsistenz geschützt werden, wenn Probleme auftreten. Dafür müssen die sogenannten ACID-Eigenschaften (im Deutschen auch AKID) erfüllt sein.

■ ACID/AKID-Eigenschaften

Eigenschaft	Steht für:	Beschreibung
A	Atomicity/Atomarität	Eine Transaktion muss entweder mit einem Commit oder einem Rollback enden.
C/K	Consistency/Konsistenz	Das Ausführen einer Transaktion führt nie zu einem Verlust der Konsistenz.
I	Isolation/ Isoliertheit	Auch wenn mehrere Transaktionen gleichzeitig ausgeführt werden, müssen die Ergebnisse dieselben sein wie bei einer nicht gleichzeitigen Ausführung.
D	Durability/Dauerhaftigkeit	Die Inhalte einer abgeschlossenen Transaktion dürfen nicht durch (technische) Probleme verändert werden.

Eine Transaktion mit Commit oder Rollback beenden

Schauen wir uns nun jede dieser Eigenschaften an. Zunächst wird die Atomarität für die Transaktion gefordert. Eine Transaktion endet entweder mit „Commit" oder „Rollback". „Commit" ist die Anweisung, mit der eine Transaktion abgeschlossen wird. „Rollback" ist die Anweisung, mit der eine Operation innerhalb der Transaktion abgebrochen wird. Um Inkonsistenzen in einer Datenbank zu vermeiden, muss am Ende jeder Transaktionen eine dieser beiden Anweisungen stehen.

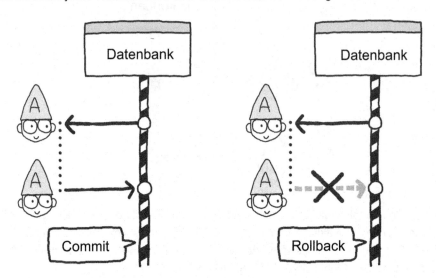

Manchmal wird ein Commit oder ein Rollback automatisch ausgeführt. In anderen Fällen muss man diese Anweisungen ausdrücklich benutzen, nämlich dann, wenn man die Ausführung der Transaktion abhängig vom Auftreten eines Fehlers ändern möchte. In SQL benutzt man die Anweisungen COMMIT und ROLLBACK, um diese Operationen explizit auszuführen.

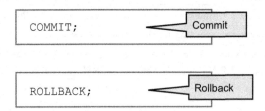

Aufgabe 1

Welchen Ausdruck benutzt man in SQL, um eine Transaktion abzuschließen?

Aufgabe 2

Welchen Ausdruck benutzt man in SQL, um eine Transaktion abzubrechen?

Datenkonsistenz sicherstellen

Eine Transaktion muss außerdem konsistent sein. Wenn die Datenbank vor der Transaktion konsistent war, muss sie es auch nach Abschluss der Transaktion sein.

Cain hat von einem Fall erzählt, in dem zwei Benutzer gleichzeitig eine Eingabe gemacht haben. Beide haben zu der Menge von 30 Äpfeln jeweils 10 Äpfel addiert. Das Resultat war aber nicht 50 Äpfel, sondern 40 Äpfel. Dieses Phänomen nennt man eine „wirkungslose Aktualisierung".

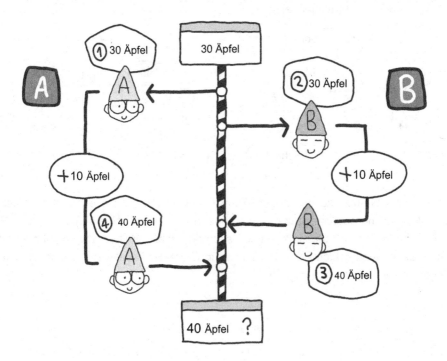

Wenn Transaktionen gleichzeitig ausgeführt werden, kann es sein, dass sie zur gleichen Zeit auf dieselbe Zeile zugreifen. Je nachdem, in welcher Reihenfolge die Transaktionen ausgeführt werden, kann es zu Inkonsistenzen kommen.

Tabellen und Zeilen, auf die in einer Operation zugegriffen wird, sind Quellen. In einer Datenbank müssen Transaktionen auf dieselbe Quelle zugreifen können, ohne Inkonsistenzen zu verursachen.

 ## Kontrolle mit einer Sperre (Lock)

Wenn zwei oder mehr Transaktionen gleichzeitig ausgeführt werden und zu demselben Ergebnis wie eine sequenzielle Ausführung der Transaktionen führen, nennt man dies „Sequenzialisierung".
Dafür muss man gleichzeitig ausgeführte Transaktionen kontrollieren und setzt sogenannte Sperren (Locks). Ein Read-Lock erlaubt das Lesen von Daten, während ein Write-Lock (wir haben ihn auch einen exklusiven Lock genannt) sowohl das Lesen als auch das Schreiben verhindert, während man selbst die Daten ändert (z. B. aktualisiert).

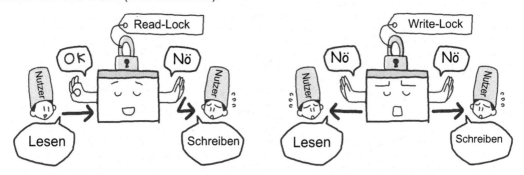

Wird ein Read-Lock benutzt, können andere Transaktionen zwar auf diese Daten zugreifen und sie lesen, aber sie können den Datensatz nicht verändern, also etwas schreiben. Wenn ein Write-Lock gesetzt wird, kann man den Datensatz weder lesen noch überschreiben. Das heißt auch, dass niemand anders einen Lock setzen kann. Fassen wir in folgender Tabelle zusammen, wie Read-Lock und Write-Lock eingesetzt werden können.

■ Einsatz von Read-Lock und Write-Lock

	Read-Lock	Write-Lock
Read-Lock	○	×
Write-Lock	×	×

Aufgabe 3

Andy hat einen Read-Lock gesetzt, kann auch Becky jetzt einen Read-Lock setzen?

Aufgabe 4

Andy hat einen Write-Lock gesetzt, kann Becky jetzt einen Read-Lock setzen?

Aufgabe 5

Andy hat einen Read-Lock gesetzt, kann Becky jetzt einen Write-Lock setzen?

Aufgabe 6

Andy hat einen Write-Lock gesetzt, kann Becky auch einen Write-Lock setzen?

Aufgabe 7

Becky konnte keinen Write-Lock setzen. Welchen Lock kann Andy vorher gesetzt haben?

Aufgabe 8

Becky konnte keinen Read-Lock setzen. Welchen Lock kann Andy vorher gesetzt haben?

Sequenzialisierung mithilfe der Zwei-Phasen-Sperre

Um zu gewährleisten, dass alle Transaktionen nacheinander ausgeführt werden (dass sie also sequenzialisiert werden), brauchen wir einige Regeln für das Setzen und Aufheben eines Locks. Eine dieser Regeln ist die Zwei-Phasen-Sperre (Zwei-Phasen-Locking).

Bei jeder Transaktion werden zwei Phasen durchlaufen: das Setzen und das Aufheben der Sperre.

Nehmen wir an, es gibt die Quellen A und B. Beide sind Bestandteil einer Sperre. Während Transaktionen 1 den Regeln des Zwei-Phasen-Lockings folgt, macht Transaktion 2 dieses nicht. Die sequenzielle Ausführung kann nur sichergestellt werden, wenn beide Transaktionen dem Zwei-Phasen-Locking unterliegen.

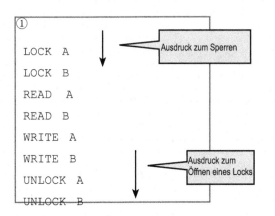

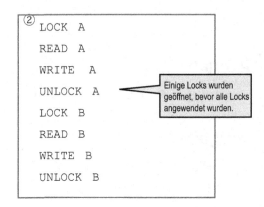

Auf die Granularität achten

Es gibt viele Typen von Quellen, die man sperren kann. Beispielsweise kann man eine ganze Tabelle oder nur einzelne Zeilen sperren. Die Einheit für einen gesperrten Bereich ist die Granularität.

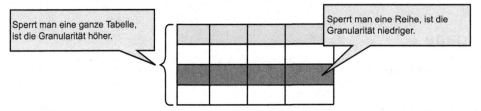

Bei einer höheren Granularität ist die Anzahl der Locks für eine Transaktion geringer, wodurch für diese Transaktionen gewissermaßen „weniger zu tun ist". Die Datenbank braucht daher weniger Hardwareressourcen. Andererseits ist ein größerer Bereich gesperrt, sodass die Wartezeit für andere Transaktionen steigt. Das führt auch dazu, dass nicht so viele Transaktionen gleichzeitig ausgeführt werden können.

Eine niedrigere Granularität bedeutet, dass mehr Locks von einer Transaktionen benutzt werden, also auch mehr Operationen für die Handhabung dieser Locks erforderlich sind. Die Hardware wird dadurch stärker belastet.

Da aber nur ein geringer Bereich gesperrt ist, sind die Wartezeiten für weitere Transaktionen relativ gering. Dadurch können auch mehrere Transaktionen zur gleichen Zeit ausgeführt werden.

Aufgabe 9

Eine Sperre soll nicht mehr für die ganze Tabelle gelten, sondern nur noch für eine Zeile. Welchen Einfluss hat dies auf die Anzahl der Transaktionen, die gleichzeitig ausgeführt werden können?

Aufgabe 10

Eine Sperre soll nicht mehr für eine Zeile, sondern für die ganze Tabelle gelten. Wie beeinflusst dies die Anzahl der Transaktionen, die gleichzeitig ausgeführt werden können?

Weitere Kontrollmechanismen

Die Kontrolle durch Sperren ist eine Methode, die bei der Ausführung von zwei oder mehr Transaktionen zur gleichen Zeit eingesetzt wird. Allerdings müssen diese Sperren auch immer richtig gehandhabt werden. Nicht zuletzt kann es auch zu einem Deadlock kommen, das heißt, dass zwei Sperren wechselseitig auf die Aufhebung warten.

Für eine geringere Anzahl von Transaktionen, oder wenn vor allem aus der Datenbank gelesen wird, kann man auch andere Kontrollmechanismen einsetzen. Zum Beispiel folgende:

Zeitstempel

Bei jeder Transaktion wird den Daten ein so genannter Zeitstempel hinzugefügt. Transaktionen können nur dann ausgeführt werden, wenn ihr eigener Zeitstempel aktueller ist als der Zeitstempel der Daten. Wird eine Operation nicht erlaubt, so kommt es zu einem Rollback.

Optimistic Locking

Diese Methode erlaubt es, Daten zu lesen, und gestattet dies in jedem Fall. Sollen die Daten aber überschrieben werden, so wird zunächst kontrolliert, ob es zwischenzeitlich eine Aktualisierung durch eine andere Transaktion gegeben hat. Wenn dies der Fall ist, so wird ein Rollback ausgeführt.

Den Grad der Isolation festlegen

Der so genannte Grad der Isolation bestimmt, ob Transaktionen untereinander interagieren bzw. ob sie voneinander vollkommen isoliert sind. Sind Transaktionen nicht vollständig voneinander isoliert, so kann die Anzahl der gleichzeitig ausführbaren Transaktionen steigen.

In SQL wird zum festlegen des Isolationsgrades der Ausdruck SET TRANSACTION benutzt. Folgende Isolationsgerade gibt es:

- READ UNCOMMITTED
- READ COMMITTED
- REPEATABLE READ
- SERIALIZABLE

```
SET TRANSACTION ISOLATION LEVEL READ UNCOMMITTED;
```

Abhängig vom Isolationsgrad können folgende Phänomene auftreten:

■ Isolationsgrade

	Dirty Read	Non-Repeatable Read	Phantom Read
READ UNCOMMITTED	möglich	möglich	möglich
READ COMMITTED	unmöglich	möglich	möglich
REPEATABLE READ	unmöglich	unmöglich	möglich
SERIALIZABLE	unmöglich	unmöglich	unmöglich

Dirty Read ist ein Phänomen, bei dem keine Transaktionen eine Zeile liest, bevor eine vorangegangene Transaktion abgeschlossen wurde. Wird die erste Transaktion abgebrochen und es wird ein Rollback durchgeführt, liest die zweite Transaktion also eine Zeile, die gar nicht existiert.

„Non-Repeatable" bedeutet, dass eine Transaktion eine Zeile wiederholt liest, aber dabei zu unterschiedlichen Ergebnissen kommt, da die Werte zwischenzeitlich von einer weiteren Transaktion aktualisiert wurden.

Beim Phantom Read sucht eine Transaktion wiederholt nach Daten, erhält aber jedes Mal andere Ergebnisse, da zwischenzeitlich eine andere Transaktion Daten hinzugefügt hat, die ebenfalls den Suchkriterien entsprechen.

Wird keiner der oben genannten Isolationsgrade festgelegt, so gilt die höchste Sequenzialität (SERIALIZABLE).

Noch einmal: Datenbanksicherheit

In einer Datenbank werden wichtige Daten verarbeitet. Die Sicherheit ist daher von zentraler Bedeutung, damit nicht autorisierte Benutzer Daten nicht ändern können. In einer Datenbank kann man festlegen, wer auf die Datenbank oder einzelne Tabellen zugreifen darf. Cain will durch größere Sicherheit vermeiden, dass in der Datenbank des Königreiches Schäden angerichtet werden können.

In einer relationalen Datenbank wird der Ausdruck GRANT benutzt, um den Benutzern Rechte zuzuweisen. Dies kann man entweder als Administrator der Datenbank tun oder für eine Tabelle, die man selbst erstellt hat. Rechte zuzuweisen, ist eine wichtige Aufgabe.

```
GRANT SELECT, UPDATE ON Produkte TO Überseeabteilung;
```
Ein Recht erteilen.

Mit Ausdrücken in SQL kann man die folgenden Rechte erteilen:

■ Rechte (Beispiele)

SELECT	Darf in den Zeilen der Tabelle suchen
INSERT	Darf eine Zeile in die Tabelle einfügen
UPDATE	Darf Daten in Zeilen aktualisieren
DELETE	Darf Zeilen der Tabelle löschen
ALL	Darf alles

Ergänzt man WITH GRANT OPTION, so darf dieser Benutzer auch selbst anderen Benutzern Rechte erteilen. Mit dem folgenden Ausdruck wird der Überseeabteilung das Recht erteilt, ihrerseits anderen Benutzern die Suche in und die Aktualisierung der Datenbank zu ermöglichen.

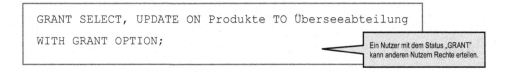
```
GRANT SELECT, UPDATE ON Produkte TO Überseeabteilung
WITH GRANT OPTION;
```
Ein Nutzer mit dem Status „GRANT" kann anderen Nutzern Rechte erteilen.

Man kann die Rechte auch widerrufen. Hierzu benutzt man den Ausdruck REVOKE.

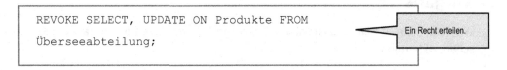
```
REVOKE SELECT, UPDATE ON Produkte FROM
Überseeabteilung;
```
Ein Recht erteilen.

In einigen Datenbanken gibt es die Möglichkeit, Rechte nicht einzeln zu vergeben, sondern an ganze Gruppen von Benutzern. Das macht die Verwaltung der Datenbank natürlich viel einfacher.

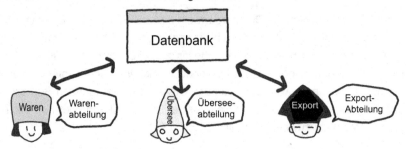

Benutzt man außerdem eine Darstellung, wie sie bereits auf Seite 119 in Kapitel 4 vorgestellt wurde, können noch weitere Sicherheitsmaßnahmen ergriffen werden.

Zuerst entnimmt man der eigentlichen Tabelle einen Teil, um die sichtbare Tabelle zu erstellen. Dieser sichtbaren Tabelle werden Rechte zugewiesen, das heißt, Benutzer können ihre Rechte nur in diesem Teil der Datenbank wahrnehmen.

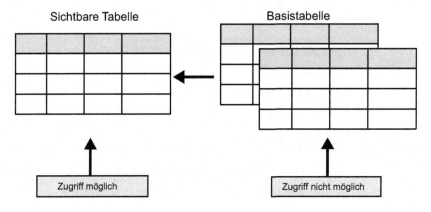

Aufgabe 11

Wie kann man in SQL der Exportabteilung Rechte zur Suche in der Tabelle „Produkte" erteilen?

Aufgabe 12

Wie kann man in SQL das Recht der Überseeabteilung, Daten in der Tabelle „Produkte" zu löschen, widerrufen?

Aufgabe 13

In einer Produkttabelle hat der Ministerrat auf folgende Rechte festgelegt. Trage in der Tabelle darunter jeweils einen Kreis ein, wenn eine Abteilung über dieses Recht verfügt, oder ein Kreuz, wenn die Abteilung nicht über dieses Recht verfügt.

```
GRANT SELECT, UPDATE ON Produkte TO Überseeabteilung;
GRANT SELECT, UPDATE ON Produkte TO Warenabteilung;
GRANT SELECT, UPDATE ON Produkte TO Exportabteilung;
```

	Suchen	Einfügen	Aktualisieren	Löschen
Abt. Übersee				
Abt. Waren				
Abt. Export				

 ## Der Einsatz von Indizes zur schnelleren Suche

in einer Datenbank werden viele Daten verarbeitet. Die Suche kann daher viel Zeit in Anspruch nehmen.

Produktnr.	Produktname	Preis/Einh.	Region
101	Melone	800 G	Süden
102	Erdbeere	150 G	Mitte
103	Apfel	120 G	Norden
104	Zitrone	200 G	Süden
201	Kastanie	100 G	Norden
202	Kaki	160 G	Mitte
301	Pfirsich	130 G	Süden
302	Kiwi	200 G	Süden

Zeitraubende Suche
Zeile für Zeile

Um die Suche schneller zu machen, kann man Indizes benutzen. Mit einem Index kann man schnell herausfinden, wo die gewünschten Daten gespeichert sind. Gerade wenn man große Datenmengen durchsucht, führt der Einsatz von Indizes dazu, dass man die Ergebnisse schneller erhält.

Produktnr.	Produktname	Preis/Einh.	Region
101	Melone	800 G	Süden
102	Erdbeere	150 G	Mitte
103	Apfel	120 G	Norden
104	Zitrone	200 G	Süden
201	Kastanie	100 G	Norden
202	Kaki	160 G	Mitte
301	Pfirsich	130 G	Süden
302	Kiwi	200 G	Süden

> Mit dem Index kann schnell auf die Daten zugegriffen werden.

Indexeintrag

Methoden zur Indizierung sind unter anderem B-Bäume und Hashing.

In einem B-Baum, der übrigens so heißt, weil die Struktur wie ein Baum aussieht, werden Informationen über die Position von Daten verarbeitet. Jeder dieser Kästen ist ein so genannter Knoten. In jedem Knoten werden Informationen gespeichert, auch Informationen über die folgenden Knoten, die man auch Kinder nennt. Unter anderem kann dadurch auch die Größe des gesamten Baums kontrolliert werden. Diese Struktur ermöglicht es, schnell von der Wurzel zum Ziel zu springen, auch wenn das Datenvolumen sehr groß ist.

In einem B-Baum haben alle Knoten mindestens zwei und höchstens 2n Kinder, wobei n eine festgelegte Konstante ist.

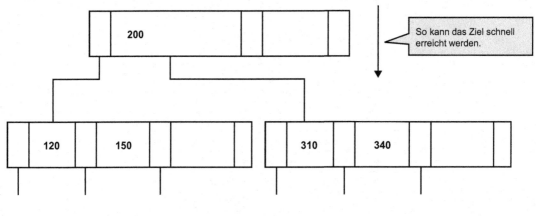

> So kann das Ziel schnell erreicht werden.

■ Indizierung in einem B-Baum

Beim Hashing wird mithilfe der Hash-Funktion nach Zieldaten gesucht. Die Ergebnisse werden in einer so genannten Hash-Tabelle aufgelistet. Die Methode zeigt ihre ganzen Möglichkeiten beispielsweise bei der Suche nach der Produktnummer 101. Allerdings funktioniert die Methode nicht sehr effizient für eine Suche, in der eine Vergleichsbedingung (z. B. „Produktnummer größer als 101") formuliert wurde, oder für eine Suche, die eine unklare Bedingung (z. B. „Produkte, die auf ‚n' enden") enthält.

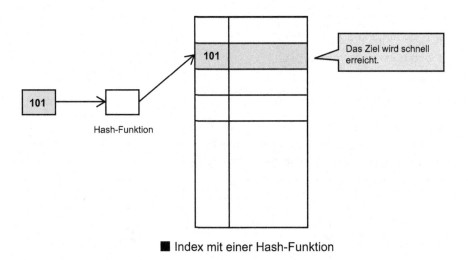

■ Index mit einer Hash-Funktion

In einigen Fällen macht ein Index die Datenverarbeitung nicht schneller. Beispielsweise ist der Einsatz eines Index zeitraubend, wenn man alle Daten extrahiert. Außerdem werden die Indizes in einigen Fällen sofort aktualisiert, wenn man Daten geändert hat. Das verlangsamt natürlich den Prozess der Datenaktualisierung.

Aufgabe 14

Welche Suchmethode ist besser geeignet für die Suche nach einem bestimmten Zeichen?

Aufgabe 15

Welche Suchmethode ist besser geeignet, wenn man das gesuchte Zeichen nicht genau kennt?

 # Eine Anfrage optimieren

Richtet man eine Anfrage an eine Datenbank, wird die SQL-Anfrage zunächst im Hinblick darauf analysiert, ob ein Index eingesetzt wird, um die Suche möglichst schnell auszuführen. Schauen wir uns jetzt genauer an, wie eine solche Anfrage verarbeitet wird.

Nachdem eine Anfrage formuliert wurde, wird ihr Inhalt analysiert und in einer bestimmten Reihenfolge abgearbeitet. Nehmen wir als Beispiel folgende Anfrage: „Extrahiere Verkaufsdaten und Produktnamen solcher Produkte, deren Preis pro Einheit 200 G oder höher ist." Wie wir gleich sehen werden, besteht diese Anfrage aus den Schritten 1–3.

```
SELECT Datum,Produktname
FROM Produktname,Verkaufszahl
WHERE Preis pro Einheit>=200
AND Produktname.Produktnummer=Anzahl der Verkäufe.Produktnummer;
```

① Fasse die Tabelle „Produkte" und die Tabelle „Verkäufe" zusammen.
② Suche Produkte, deren Preis pro Einheit 200 G oder höher ist.
③ Extrahiere die Spalten mit Daten und Produktnamen.

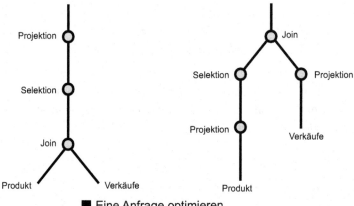

■ Eine Anfrage optimieren

In der Abbildung sehen wir auf der linken Seite, dass die Anfrage von 1 nach 2 und dann nach 3 verarbeitet wird. Hingegen sehen wir auf der rechten Seite, dass die Anfrage von 3 nach 2 nach 1 gearbeitet wird. Lassen wir die Reihenfolge außer acht, sehen wir aber auch, dass es sich um die gleiche Anfrage handelt.

Wird die Anfrage jedoch in der Reihenfolge von 1 nach 2 nach 3 ausgeführt, benötigt sie mehr Zeit, denn bei der Ausführung des ersten „Join" wird eine Tabelle erstellt, die eine große Anzahl von Zeilen enthält.

Wird die Suche in der Reihenfolge von 3 nach 2 nach 1 ausgeführt, so ist sie schneller, da die Selektion und die Projektion zuerst ausgeführt werden, welche die Anzahl der Zeilen und Spalten reduzieren.

Die Zeit, die für die Verarbeitung einer Anfrage benötigt wird, kann also unterschiedlich sein, je nachdem in welcher Reihenfolge die Operationen Projektion, Selektion und Join ausgeführt werden.Allgemein gilt:

• Führe zunächst die Selektion aus, um die Anzahl der Zeilen zu reduzieren.
• Führe zunächst die Projektion aus, um die Anzahl der Spalten zu reduzieren.
• Führe Join später aus.

Diese Regeln werden benutzt, um die Reihenfolge einer Anfrage festzulegen.

Schließlich gibt es auch verschiedene Möglichkeiten, die Operationen Projektion, Selektion und Join auszuführen. Beispielsweise sind für die Selektion die Methoden der Suche nach ganzen Treffern und der indexbasierten Suche verfügbar. Für Join sind die folgenden Methoden verfügbar:

170

Nested Loop

Diese Methode vergleicht Zeilen aus einer Tabelle mit den Zeilen einer anderen Tabelle (siehe Abbildung). So wird also beispielsweise aus der Tabelle T1 eine Zeile entnommen und mit der Tabelle T2 verglichen, um herauszufinden, ob die Werte identisch sind. Falls ja, wird als Resultat eine verbundene Zeile erstellt.

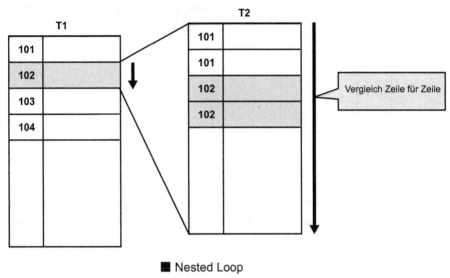

■ Nested Loop

Sort Merge

Diese Methode sortiert zunächst die Zeilen in jeder Tabelle, ehe sie verbunden werden (siehe Abbildung auf der nächsten Seite). Zuerst werden also Teile der Tabellen oder aber die ganzen Tabellen sortiert. Anschließend werden sie – angefangen bei der obersten Zeile – verglichen und falls identische Daten gefunden werden, werden diese Zeilen verbunden. Die Suche kann in eine einzige Richtung ausgeführt werden, da die Daten ja schon sortiert sind. Dies führt dazu, dass die Zeit für die Suche gering bleibt. Dennoch muss man darauf achten, ob die erforderliche Sortierung der Daten wirklich sinnvoll ist und nicht beispielsweise zu viel Zeit in Anspruch nimmt.

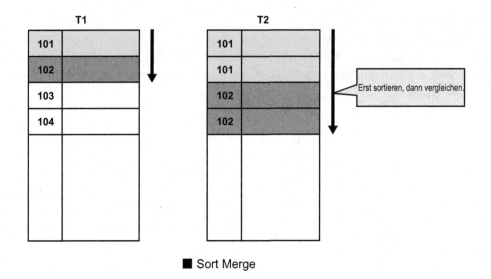

■ Sort Merge

Hashing

Hashing ist eine Methode, um eine Tabelle mithilfe einer Hash-Funktion zu zerlegen und dann die Zeile mit demselben Hash-Wert zu verbinden. Diese Methode ist effizient, um die Zeilen zu finden, die verbunden werden sollen.

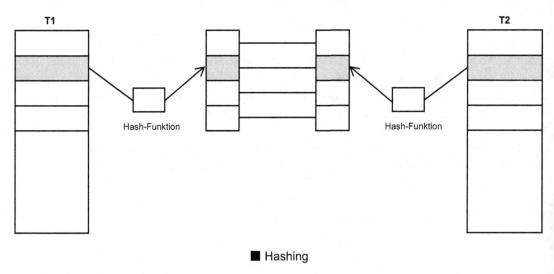

■ Hashing

Wird eine Anfrage ausgeführt, so werden diese unterschiedlichen Techniken zur Optimierung geprüft. In einer Datenbank nennt man die Funktion, die diese Optimierung durchführt, einen Optimierer. Die Optimierung folgt diesen Regeln:

Regelbasierte Optimierung

In diesem Ansatz werden bestimmte Regeln erstellt, jeder wird eine Relevanz zugewiesen und schließlich werden sie ausgeführt. Wenn es zum Beispiel eine Regel gibt, dass für den Zugriff auf die Datenbank Indizes benutzt werden müssen, so werden diese Indizes bei jeder Suche erneut erstellt, auch wenn alle Daten verarbeitet beziehungsweise abgefragt werden müssen. Diese Methode ist also für den Einsatz in einer Datenbank nicht unbedingt optimal.

Kostenbasierte Optimierung

In diesem Ansatz werden bestimmte statistische Informationen innerhalb der Datenbank genutzt. Beispielsweise werden die Datenverteilung oder andere statistische Informationen regelmäßig für alle verwendeten Suchmethoden erstellt, und auf Grundlage dieser Daten werden Suchmethoden ausgewählt. Die Optimierung ist in diesem Fall flexibler als bei der regelbasierten Methode. Dennoch: Es werden regelmäßig statistische Informationen erstellt, deren Analyse viel Arbeit bedeutet.

 # Datenwiederherstellung

Eine Datenbank braucht nicht nur Schutz vor der Inkonsistenz der Daten, sondern auch vor dem Ausfall des Systems. Es muss also sichergestellt werden, dass kein Problem die Datenbank dauerhaft beschädigen kann. Hierzu gibt es verschiedene Methoden, beispielsweise Sicherheitskopien oder auch Protokolle (Logs) der Transaktionen.

In einer Datenbank können verschiedene Probleme auftreten, beispielsweise folgende:

- Es gibt ein Problem in einer Transaktion.
- Es gibt ein Problem mit dem System, auf dem die Datenbank läuft.
- Es gibt ein Hardwareproblem.

Gibt es ein Problem während einer Transaktion, so heißt dies, dass die Transaktionen nicht korrekt abgeschlossen werden konnte. In diesem Fall gibt es eine Rollback.

Ein Problem mit dem System meint, dass beispielsweise der Strom ausgefallen ist. In diesem Fall kann die Datenwiederherstellung nach dem Neustart des Systems ausgeführt werden. Transaktionen, die zum Zeitpunkt des Systemausfalls durchgeführt und durch den Ausfall abgebrochen worden sind, werden mit einem Rollback rückgängig gemacht. Transaktion, die bereits mit einem Commit abgeschlossen wurden, werden mit einem Roll Forward beendet.

Im Fall eines Hardwareproblems, also wenn beispielsweise die Festplatte beschädigt ist, stellt man die Daten mithilfe der Sicherheitskopien wieder her. Transaktionen, die nach dem Anlegen der Sicherheitskopien ausgeführt wurden, werden mit einem Roll Forward wiederhergestellt.

Checkpoints und Wiederherstellung

Um Daten effizient zu schreiben beziehungsweise ändern zu können, wird in einer Datenbank häufig ein Puffer benutzt, in den die Daten vorübergehend geschrieben werden. Dass die Daten im Puffer sowie in der Datenbank übereinstimmen, wird an einem so genannten Checkpoint geprüft. wird diese Methode eingesetzt, so benötigt man keine Datenwiederherstellung für solche Transaktionen, die vor dem Auftreten eines Problems bereits mit einem Commit abgeschlossen wurden. Transaktionen, die zum Zeitpunkt des Checkpoints noch nicht mit einem Commit abgeschlossen wurden, werden wiederhergestellt.

Nehmen wir an, die Transaktionen werden so ausgeführt, wie es auf der nächsten Abbildung zu sehen ist. Bei welchen Transaktionen wird es einen Rollback im Fall eines Systemausfalls geben? Bei welchen Transaktionen einen Roll Forward?

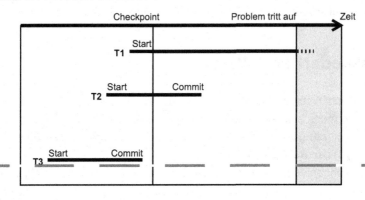

Aufgabe 16

Was passiert mit T1?

Aufgabe 17

Was passiert mit T2?

Aufgabe 18

Was passiert mit T3?

Die beschriebenen Sicherungsmechanismen schützen die Datenbank vor Datenverlust. Dadurch kannst du dir sicher sein, dass die Datenbank auch nach dem Auftreten von Problemen funktioniert.

- In einer Datenbank werden Rechte für verschiedene Benutzer festgelegt.
- Mit dem Einsatz von Sperren kann man gleichzeitige Transaktionen kontrollieren.
- Indizierung ermöglicht eine schnellere Suche.
- In einer Datenbank gibt es Methoden zur Datenwiederherstellung.

Lösungen

A1 COMMIT;

A2 ROLLBACK;

A3 ○

A4 ×

A5 ×

A6 ×

A7 Read-Lock oder Write-Lock

A8 Write-Lock

A9 Steigt

A10 Sinkt

A11 GRANT SELECT ON Produkte TO Exportabteilung;

A12 REVOKE DELETE ON Produkte FROM Überseeabteilung;

A13

	Suchen	Einfügen	Aktualisieren	Löschen
Abt. Übersee	○	○	○	○
Abt. Waren	○	×	○	×
Abt. Export	○	○	×	×

A14 Hash

A15 B-Baum

A16 Es wird ein Rollback ausgeführt, da die Transaktionen zum Zeitpunkt des Systemausfalls noch nicht mit einem Commit abgeschlossen waren.

A17 Es wird ein Roll Forward ausgeführt, da die Transaktion zum Zeitpunkt des Systemausfalls bereits mit einem Commit abgeschlossen war.

A18 Es wird keine Datenwiederherstellung benötigt, da die Transaktion bereits zum Zeitpunkt des Checkpoints mit einem Commit abgeschlossen wurde.

Kapitel 6

Datenbanken einsetzen und verteilen

Aber du bist bestimmt wegen der Geschäfte hier, oder?

Ja, das stimmt! Warte mal ...

T... Tico! Hast du Tico gesehen?

Tico?

Ja. Oh, Tico ist ungefähr so groß und kann fliegen.

Sie kam aus dem Buch, das du mir gegeben hast, Vater!

Worüber redest du eigentlich?

Ich kenne keine Tico!

Aber sie war wirklich hier, bevor ihr zurückgekommen seid!

Ja!

Und ich dachte, du würdest sie kennen, weil sie in diesem Buch war ...

Aber sie ist ja auch unsichtbar und nur Cain und ich können sie sehen.

Hast du sie gesehen?

Nein!

Prinzessin Ruruna!

Ich weiß nicht, was es da zu lachen gibt!

Ruruna, du machst mir ein bisschen Angst!

Zeter!

Wo warst du nur?

Ich war ein bisschen beschäftigt, weißt du?

Ich habe mir Sorgen gemacht!

Sorry!

Wie ich sehe, wird die Datenbank im Königreich gut eingesetzt!

Sicher!

Durch die Datenbank sind wir viel effizienter!

In fernen Ländern werden Datenbanken noch für ganz andere Zwecke eingesetzt.

Tatsächlich?!

Beispiele für den Einsatz von Datenbanken

Beispielsweise werden in manchen Ländern Datenbanken benutzt, um Girokonten zu verwalten.

Banken mit Datenbanken!

Mal angenommen, viele Leute können auf ein solches Kontensystem zugreifen.

abheben

einzahlen

Wir könnten von unserem eigenen Konto etwas abheben und auf ein anderes Konto etwas einzahlen!

Klingt sehr praktisch!

Kontobewegungen durch eine Datenbank!

Abfahrt!

Reservierung

Manchmal benutzt man auch für die Platzreservierung in einem Zug eine Datenbank.

Du meinst, das mit einer Datenbank von jedem Ort aus Plätze reserviert werden können?

Ganz genau!

Ihr erinnert euch daran, dass es für manche Operationen ein Lock gibt?

Lock

Ja, natürlich. Damit kontrolliert man die Transaktionen, nicht wahr?

Stimmt!

Da waren Andy und Becky ...

Genau das brauchen wir, damit mehrere Leute eine Reservierung durchführen können.

Reservierung

Datenbank

Und zwar an verschiedenen Orten zur gleichen Zeit, ohne dass es Probleme gibt.

Und überall funktionieren auch die Sicherheitssysteme und die Mittel zur Datenwiederherstellung.

Sicherheit

NO!!

Datenbank

OK!!

Hilfe bei Problemen

Stimmt! Und vor allem Datenbanken, die zur Verwaltung von Konten benutzt werden, benötigen diese Funktionen unbedingt!

Sonst könnte jemand anders einfach mein ganzes Geld abheben!

Datenbanken helfen uns überall!

Ich wäre völlig pleite, wenn jemand mein Konto abräumen würde!

Das stimmt!

Aber Datenbanken erledigen noch mehr Arbeit!

Datenbanken und das Internet

Wenn du nach einem bestimmten Buch suchst, ...

Tataa!

... gibst du einfach ein Schlüsselwort in die Suchmaschine ein!

Book search ▶▶▶

Ticos Suche!

Alle Produkte

Schlüsselwort

Zu welchem Thema suchst du Bücher?

Naja, ich denke, wohl zum Thema „Obst"!

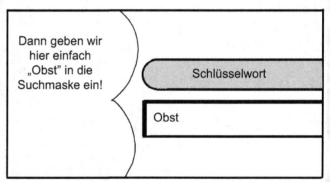

Dann geben wir hier einfach „Obst" in die Suchmaske ein!

Schlüsselwort

Obst

Das Schlüsselwort wird als HTTP-Anfrage versendet!

Und auf einem Server wird die Anfrage dann ausgeführt!

Book search ▶▶▶

Alle Produkte

Schlüsselwort

Obst

Ich nehme an, da wird die Anfrage dann in SQL-Anweisungen umgewandelt?!

Jetzt haben wir im Internet eine Liste mit allen Büchern zum Thema „Obst"!

Wenn man ein Buch kaufen will, läuft genau der gleiche Prozess ab!

Ja, ich will eins!

Dann wird eine SQL-Anweisung ausgeführt, mit der die Anzahl der Bücher, die noch im Lager sind, reduziert wird.

Huch, was sehe ich denn da?

Also wieder SQL ...

Und nach dem gleichen Prinzip werden die Daten zu deinem Einkaufswagen im Internet hinzugefügt!

Ruruna, schau dir das mal an!

Das habe ich gerade gefunden.

Die Liebe zu Obst von König Kodo !

■ Empfehlung!
□ Verlag des Königreichs Kodo

Was ist das denn?

Was ist das denn?!

Wann hat mein Vater das denn geschrieben?

Er scheint ja ein richtiger Obstfanatiker zu sein!

Vermutlich greifen eine Menge Leute gleichzeitig auf diesen Buchladen im Internet zu!

Selbst wenn die Sicherheitsmaßnahmen die Datenbank gut schützen, ...

... es muss eine ganze Menge verarbeitet werden.

Web bookshop

Wenn so viel verarbeitet werden muss, wird das auf mehrere Server verteilt!

Du meinst, es gibt dann mehr als einen Server?

Ja! Beispielsweise gibt es dann einen Webserver und einen Anwendungsserver.

Web-server

Anwendungs-server

Ein Webserver erstellt die Website für die Abfrage und die Ergebnisse, nicht wahr?

Web-server

Web page

Und ein Anwendungsserver erstellt unter anderem die SQL-Anweisungen!

Anwendungs-server

SELECT
FROM
WHERE

Verteilte Datenbanken

Können denn Daten zwischen Datenbankservern aufgeteilt werden?

Klingt nach Datenbanken, die von mehreren Servern betrieben werden!

Ja, das geht tatsächlich, und man nennt das dann eine „verteilte Datenbank"!

Genau!

Es ist aber wichtig, dass alle Bestandteile zusammen als eine einzige Datenbank gehandhabt werden!

Wenn mehrere Server eine einzige Datenbank betreiben könnten, wäre das phantastisch!

Jeder Server könnte den Teil betreiben, der seiner Kapazität angemessen ist!

Gespeicherte Programme und Trigger

Wenn man Server benutzt, muss man doch automatisch auch ein Netzwerk betreiben, oder?

Genau! Und da sind gespeicherte Operationen nützlich …

Sie werden manchmal im Voraus registriert, um die Last des Netzwerks zu reduzieren!

Gespeichert?

Ah, ja …

„Gespeichert" heißt doch so viel wie „im Gedächtnis bleiben", oder?

Richtig! Um die Last des Netzwerks zu reduzieren, werden häufig benutzte Operationen in Datenbanken gespeichert!

Hm, ich frage mich, was denn diese „häufig genutzen Operationen" sind?

Grübel

Naja, wenn's um die Operationen beim Kauf eines Buches geht, …

Mal sehen …

… sind „die Anzahl der Bücher im Lager reduzieren" oder „Bücher zum Einkaufswagen hinzufügen" häufig benutzte Operationen.

Ja, das sind ganz typische Operationen!

Stimmt!

Wir können solche Operationen, die wahrscheinlich häufig benutzt werden, als Prozeduren speichern!

Und zwar im Voraus in der Datenbank!

Wenn wir so was vorbereiten, muss nicht jedes Mal eine SQL-Anweisung erstellt werden, wenn die Anzahl der Bücher im Lager reduziert werden soll oder ein Buch zum Einkaufswagen hinzugefügt werden soll.

Verstehe!

Und dadurch wird das Netzwerk weniger belastet!

Und auch unsere Arbeit wird weniger!

Ja, du hast Recht!

Abgesehen davon werden diese gespeicherten Prozeduren automatisch gestartet.

Automatisch?

Wenn Daten beispielsweise aktualisiert werden, startet automatisch eine gespeicherte Prozedur.

Das nennt man Trigger.

Trigger ... also das englische Wort für „Abzug".

Verstehe, weil es so ist wie mit einem Abzug am Colt!

Peng!

Man drückt den Abzug, und die Kugel wird abgefeuert! Und wenn man Daten aktualisiert, startet die gespeicherte Prozedur!

Es wäre praktisch, wenn auch dann automatisch eine Operation starten würde, wenn ich eine Bestellung aufgebe.

Warum trage ich eigentlich diese Sachen?

Die Anzahl der Bücher im Lager und mein Einkaufswagen könnten automatisch aktualisiert werden!

Wow, so viele Funktionen, um ein einziges Buch zu kaufen!

Ja!

Und dennoch kann man die Datenbank nicht sehen, wenn man im Internet ein Buch kauft.

Aber sie ist die ganze Zeit über da!

Stimmt!

Strahl

Wir müssen das alles noch nach und nach lernen.

Findest du nicht, Cain?

Doch, unbedingt! Tico hat uns jetzt viel beigebracht, und wir können von hier aus weitermachen. Datenbanken sind wirklich sehr nützlich und auch ziemlich interessant!

Und vergesst nicht: Die Datenbanken sind das zentrale Element, wenn ihr auch solch ein bequemes System einführen wollt!

Das ist eine tolle Idee!

Pass auf!

Ich werde aus diesem Königreich ein wunderbares Land machen, in dem alle gut leben können!

Dann legen wir los!

Yeah!

Ihr habt jetzt alles Wichtige über Datenbanken gelernt!

Und ihr werdet nun sicher auch gut ohne mich zurechtkommen!

Ihr habt echt Fortschritte gemacht!

Ganz sicher!

Aber es gibt noch so viel zu lernen!

Was redest du denn da?

Du wirst doch bei uns bleiben Tico, oder nicht?

Tut mir leid, aber ...

... das geht nicht!

Meine Aufgabe ist erfüllt.

Oh nein!

Ich muss noch anderen helfen.

Schock

Es gibt so viele Menschen, die etwas über Datenbanken lernen wollen, weißt du?

Dann besuchst du wieder jemanden, der das Buch über Datenbanken geöffnet hat?

Genau!

Weißt du, ich bin ...

DANKE!!

Sie ist weg ...

Wir haben jetzt die Aufgabe, alles, was Tico uns beigebracht hat ...

Dich so traurig zu sehen, macht mich auch traurig!

Ja, du hast Recht!

... in einem echten System anzuwenden!

Tage später ...

Wie läuft's denn mit Eurem Buch, Euer Hoheit?

Neugier

Ganz gut!

Ich möchte, dass es alle verstehen, deshalb schreibe ich nicht zu kompliziert!

Möchtest du mal sehen?

Gerne!

Eine tolle Idee, einen Comic daraus zu machen!

Seufz

Und Cain kann so gut zeichnen!

Schau mal!

Das ist der vordere Umschlag!

Phantastisch!

200

Datenbanken sind überall

Datenbanken werden zu verschiedenen Zwecken eingesetzt. Beispielsweise bei der Sitzplatzreservierung oder zur Verwaltung von Konten. Datenbanken sind unverzichtbar in unserem täglichen Leben und im Geschäftsleben.

Insbesondere webbasierte Datenbanken sind heute weit verbreitet. Tico hat auch ein webbasiertes Datenbanksystem vorgestellt.

 # Noch einmal: Datenbanken und das Internet

In einem webbasierten System wird das Kommunikationsprotokoll HTTP benutzt (HyperText Transfer Protocol). Der Webserver wartet auf eine Eingabe des Benutzers. Nach der Eingabe (HTTP-Anfrage) wird diese beantwortet und das Ergebnis wird ebenfalls über eine Internetseite angezeigt (HTTP-Antwort).

Auf einer Internetseite werden andere, durch eine URL (Uniform Resource Locators) spezifizierte Seiten eingebunden, mit denen beispielsweise Bilder angezeigt werden. Mit jeder eingebetteten Datei kann man die besagte URL aufrufen, so dass HTTP-Anfragen und -Antworten ausgetauscht werden.

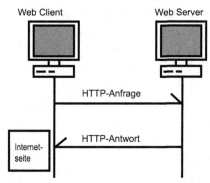

■ HTTP-Anfragen und -Antworten

Wird eine Datenbank benutzt, dann wird der Datenbankserver auf die soeben beschriebene Art in das System eingebunden. Heutzutage besteht dieses System häufig aus drei „Schichten", meist handelt es sich um die so genannte Drei-Schichten-Architektur. Diese Architektur besteht aus der Präsentationsschicht, der Funktions- oder Anwendungsschicht und der Datenschicht.

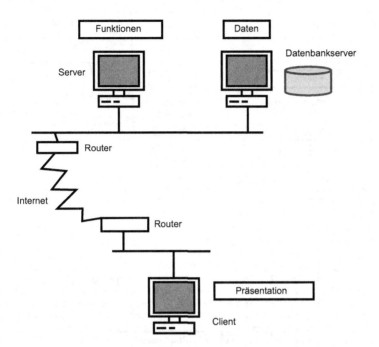

■ Konfiguration eines Drei-Schichten-Systems

Die Präsentationsschicht erhält Eingaben. Das können beispielsweise Suchbedingungen sein, die an die Datenbank weitergegeben werden. Außerdem verarbeitet die Präsentationsschicht die Ergebnisse, die von der Datenbank an sie weitergegeben wurden. So können die Ergebnisse für den Benutzer dargestellt werden. Im Allgemeinen wird ein Internetbrowser zur Präsentation benutzt.

In der Funktionsschicht findet die Datenverarbeitung statt. In dieser Schicht werden die SQL-Anweisungen erstellt. Die hier arbeitenden Prozesse sind in einer Programmiersprache geschrieben. Abhängig von den Inhalten und dem Umfang eines Prozesses können mehrere Server, wie beispielsweise ein Anwendungsserver und ein Webserver, für die Verteilung der Aufgaben benutzt werden.

Die Datenschicht verarbeitet die Daten auf dem Datenbankserver. Auf dem Datenbankserver operiert eine Datenbank, die auf SQL-Anfragen Ergebnisse ausgibt.

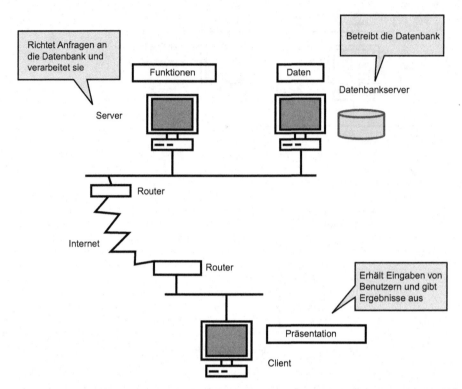

Mit der Drei-Schichten-Architektur kann ein einfaches und zugleich flexibles System erstellt werden. Wenn beispielsweise eine Anwendung verändert werden muss, kann man diesen Teil als Funktionsschicht vom Rest des Systems trennen. Das macht die Entwicklung wesentlich leichter. In der Präsentationsschicht wird ein Internetbrowser benutzt, sodass keine weiteren Programme für die Benutzer installiert werden müssen.

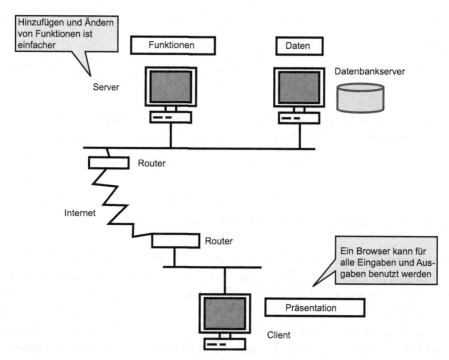

👑 Gespeicherte Programme einsetzen

In diesem System kann allerdings das Datenvolumen, das im Netzwerk verarbeitet werden muss, zu einem Problem werden. Um hier Abhilfe zu schaffen, sind in der Datenbank bestimmte gespeicherte Programme verfügbar. Dadurch, dass sie auf dem Datenbankserver vorhanden sind, müssen im Netzwerk keine Daten transportiert werden.

Gespeicherte Programme sind nützlich, um das Netzwerk zu entlasten, denn der Transfer von Anfragen von der Funktionsschicht zur Datenschicht entfällt. Außerdem wird die Entwicklung der Anwendungen vereinfacht, da Standardprozesse vorgefertigt vorhanden sind. Es gibt die folgenden gespeicherten Programme:

Gespeicherte Prozedur	Gibt keine Werte aus der Abfrage zurück
Gespeicherte Operation	Gibt Werte aus der Abfrage zurück
Trigger	Wird vor und nach Datenbankoperationen gestartet

■ Typen gespeicherter Programme

Was ist eine verteilte Datenbank?

In einem webbasierten System ist die Verarbeitung der Daten aufgeteilt zwischen einem Datenbankserver, einem Webserver und einem Internetbrowser; alle haben verschiedene Aufgaben. Ein verteiltes System ermöglicht eine flexible Verarbeitung von Daten, korrespondierend mit der Kapazität der verschiedenen Server.

Auch die Datenbank selbst kann verteilt werden: eine verteilte Datenbank besteht aus den einzelnen Teilen der Datenbank selbst sowie einem Netzwerk. Wichtig ist, dass man die verteilte Datenbank wie eine einzelne, zusammengehörige Datenbank behandelt. Die Eigenschaft, dass ein Benutzer eine verteilte Datenbank benutzen kann, ohne sich Gedanken zu machen über die Position der Daten, nennt man Transparenz. Eine Datenbank kann horizontal oder vertikal verteilt werden.

Horizontale Verteilung

Bei der horizontalen Verteilung werden mehrere gleichwertige Datenbankserver benutzt. Jeder Datenbankserver kann die Daten der anderen Datenbankserver benutzen. Umgekehrt kann jeder Datenbankserver den anderen Datenbankservern Zugriff gewähren. Diese Architektur wird für große Datenbanken, die in verschiedenen Abteilungen eingesetzt werden, benutzt.

Die horizontale Verteilung ist resistent gegen Fehler eines Servers, da dies nicht die Operationen der anderen Datenbanken blockiert.

206

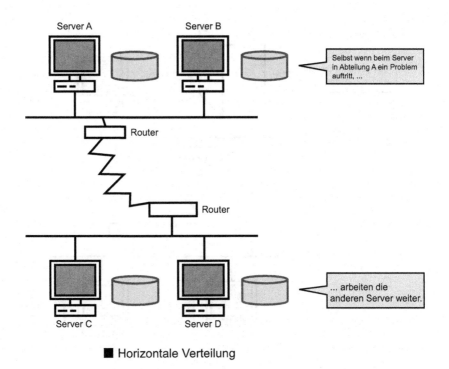

Horizontale Verteilung

Vertikale Verteilung

In der vertikalen Verteilung kommen verschiedenen Datenbankservern unterschiedliche Aufgaben zu. Einer der Server ist ein Hauptserver, er spielt eine Schlüsselrolle und die anderen Server müssen seine Aufgaben verarbeiten. Verteilte Server können die Daten in der Datenbank des Hauptservers benutzen, aber nicht umgekehrt.

Dadurch wird in der vertikalen Verteilung die Handhabung des Hauptservers leichter, wobei der Hauptserver im Mittelpunkt der Kommunikation steht. Ein Beispiel für diese Architektur ist ein System, das einen abteilungsübergreifenden, firmenweiten Hauptserver beinhaltet und individuelle Server, die von den einzelnen Abteilungen betrieben werden.

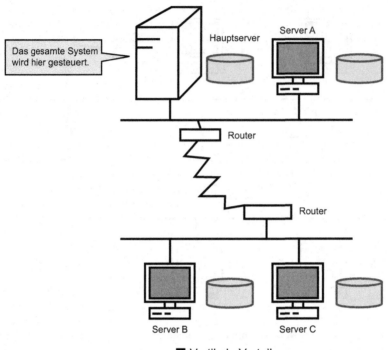

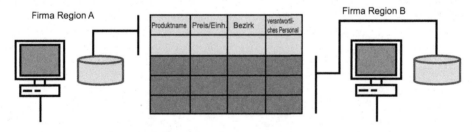

■ Vertikale Verteilung

 # Daten aufteilen

In einer verteilten Datenbank werden Daten auf verschiedene Server verteilt. Hierbei muss überlegt werden, wie genau die Daten verteilt werden sollen. Es gibt folgende Möglichkeiten:

Horizontale Aufteilung

Die horizontale Aufteilung ist eine Methode, um Daten zeilenweise aufzuteilen. Nach der Aufteilung werden die Zeilen auf die verschiedenen Server verteilt. Diese Form der Verteilung wird häufig angewendet, wenn Daten desselben Typs in verschiedenen Regionen verarbeitet werden sollen.

■ Daten werden horizontal aufgeteilt (in Zeilen)

Vertikale Aufteilung

Bei der vertikale Aufteilung werden Daten in Spalten zerlegt. Die jeweiligen Spalten werden anschließend auf die Server verteilt. Diese Form der Aufteilung wird angewendet, wenn Datenbanken als verteilte Datenbanksysteme betrieben werden und ihrerseits unabhängige Datenbanken weiterer Abteilungen einbinden, beispielsweise der Warenabteilung, der Überseeabteilung oder der Exportabteilung

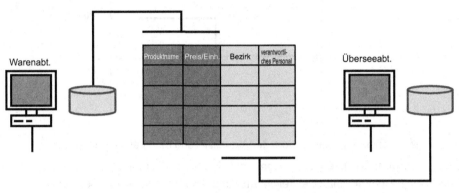

■ Daten werden vertikal aufgeteilt (Spalten)

 # Inkonsistenz verhindern mit einem Zwei-Phasen-Commit

Wie wir wissen, müssen auch verteilte Datenbanken so behandelt werden, als wären sie eine einzelne Datenbank. Um dies zu erreichen, müssen verschiedene Aspekte beachtet werden.

Zunächst einmal müssen alle Daten auf einem Server kontinuierlich aktualisiert werden. Dies gilt vor allem dann, wenn auf einem Server weitere Daten hinzugefügt werden. Man darf dann nicht vergessen, auch die Daten der anderen Server zu aktualisieren. Die Abbildung auf der folgenden Seite zeigt, was passiert, wenn dies vergessen wird.

Man würde die Regel verletzen, dass jede Transaktion mit einem Commit oder einem Rollback beendet werden muss. Außerdem würde die Datenbank insgesamt Integrität verlieren und die Eigenschaft der Konsistenz wäre nicht mehr gegeben.

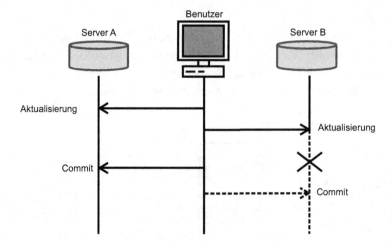

■ Inkonsistenz entsteht bei der Aktualisierung eines einzelnen Servers

Deshalb gibt es für verteilte Datenbanksysteme eine Methode, die man Zwei-Phasen-Commit nennt. In ein Zwei-Phasen-Commit sind zwei Teilnehmer und ein Koordinator involviert. In der ersten Phase fragt der Koordinator die beiden Teilnehmer, ob ein Commit möglich ist. Die Teilnehmer bestätigen dies mit „o.k.", wenn es möglich ist. Damit ist der erste Schritt abgeschlossen und wird als „sicher" bezeichnet. In der zweiten Phase gibt der Koordinator Anweisungen für ein Commit und die Teilnehmer führen diese entsprechend aus.

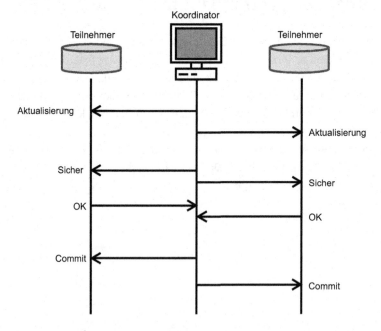

■ Zwei-Phasen-Commit (mit abgeschlossenen Commit-Operationen)

Sollte im Zwei-Phasen-Commit ein Teilnehmer die Operation nicht sichern können, erhalten alle die Anweisung für ein Rollback. So bleibt die Datenbank auch über alle Server verteilt konsistent.

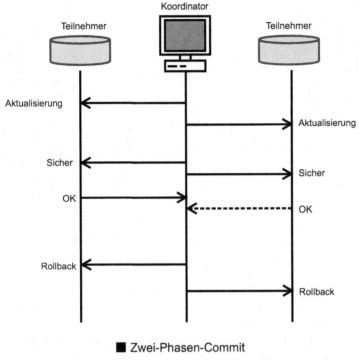

■ Zwei-Phasen-Commit

(Sicherung schlägt fehl, es kommt zu einem Rollback)

Aufgabe 3

Welche Anweisungen gibt der Koordinator in der ersten Phase eines Zwei-Phasen-Commit?

Aufgabe 4

Welche Anweisungen gibt der Koordinator in der zweiten Phase eines Zwei-Phasen-Commit?

Tabellen in einer verteilten Datenbank verbinden

In einer verteilten Datenbank werden möglicherweise große Datenmengen über das Netzwerk ausgetauscht. Insbesondere muss man das Datenvolumen im Auge behalten, wenn man Tabellen von verschiedenen Zahlungen verbindet. Zum Verbinden von Tabellen gibt es folgende Möglichkeiten:

Nested Loop

Eine Zeile aus einer Tabelle auf Server A wird an einen Server B geschickt und dort mit allen Tabellen verglichen, um schließlich mit der passenden Tabelle verbunden zu werden. Dieser Schritt wird für alle Tabellen auf Server A wiederholt.

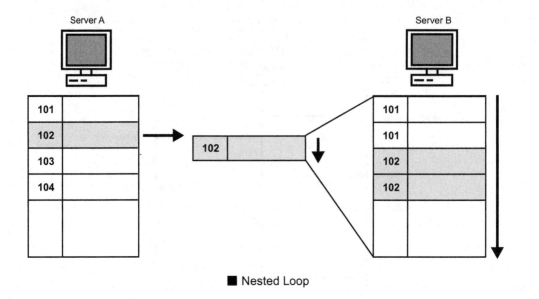

■ Nested Loop

Sort Merge

Bei dieser Methode werden die Tabellen auf jedem Server zunächst sortiert, zuerst die Tabellen auf Server A, dann die Tabellen auf Server B. Anschließend werden sie verbunden.

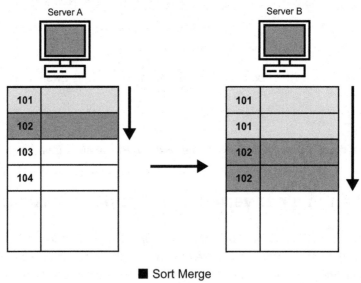

■ Sort Merge

Semi-join

Bei dieser Methode werden zunächst die gesuchten Zeilen eingegrenzt und anschließend zusammengeführt. Dabei werden nur Spalten, die zusammengeführt werden sollen, an den Server übermittelt. Ein Beispiel: Die Spalte mit der Produktnummer auf Server A wird an Server B übermittelt. Dann werden die gefragten Produktnummern auf Server B extrahiert. Nur diese extrahierten Zeilen werden zurückgegeben an Server A und dann mit anderen Zeilen verbunden. Da nur auf eine begrenzte Anzahl von Spalten zugegriffen wird, reduziert sich die Datenmenge im Netzwerk.

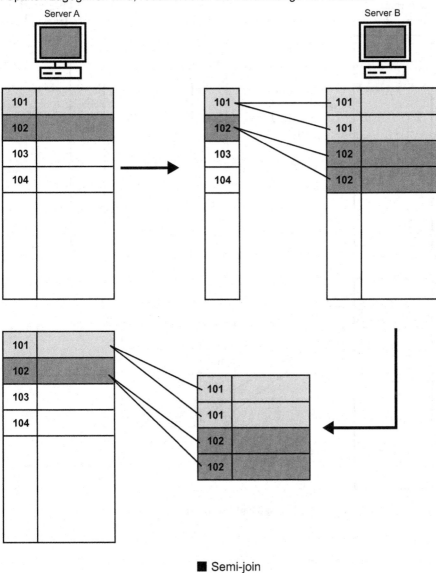

■ Semi-join

Hash Semi-join

Bei dieser Methode werden Hash-Werte für Spalten auf Server A berechnet und an Server B übermittelt. Auch auf Server B werden Hash-Werte berechnet und dann mit den anderen Werten verglichen. Übereinstimmende Daten werden verbunden.

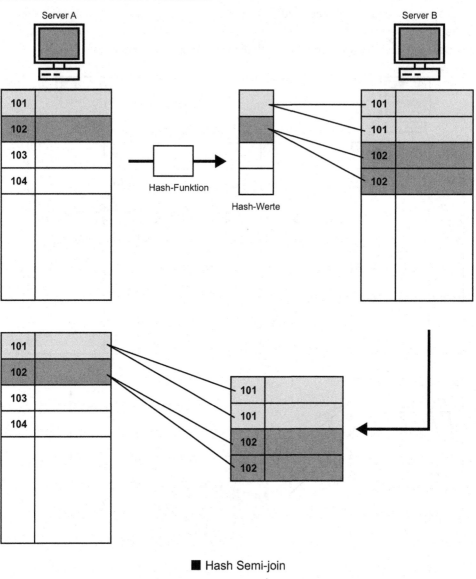

■ Hash Semi-join

Die Replikation von Daten

In manchen verteilten Datenbanken werden Kopien der Datenbank benutzt, um den Datenaustausch im Netzwerk zu reduzieren. Diese Funktion nennt man Replikation. Die ursprüngliche Datenbank, also gewissermaßen das Original, nennt man Primärdatenbank. Die Kopien werden auch Replikation genannt. Es gibt verschiedene Typen von Replikation.

Read-only

Bei dieser Methode wird eine Read-only-Kopie erstellt und von der Primärdatenbank auf den Hauptserver transferiert. Die Kopie wird erstellt, sobald eine Verbindung zum Hauptserver besteht. Wie der Name schon sagt, kann man diese Kopien nur lesen.

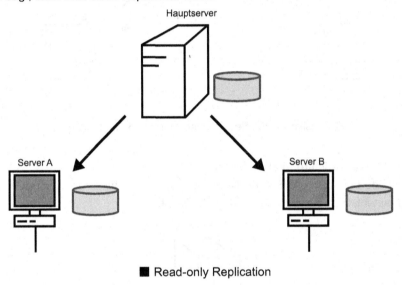

■ Read-only Replication

Replikation für die Aktualisierung des Hauptservers

Es wird eine Kopie des Hauptservers erstellt, die aktualisiert werden kann. Bei der Aktualisierung der Kopie wird automatisch auch die Primärdatenbank aktualisiert.

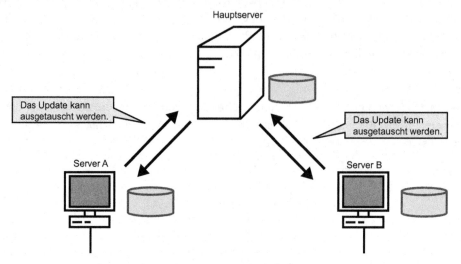

■ Replikation für die Aktualisierung des Hauptservers

Replikation für die Aktualisierung aller Server

Bei dieser Methode benutzen alle Server die Primärdatenbank. Bei einer Aktualisierung auf einem Server werden automatisch die anderen Server aktualisiert.

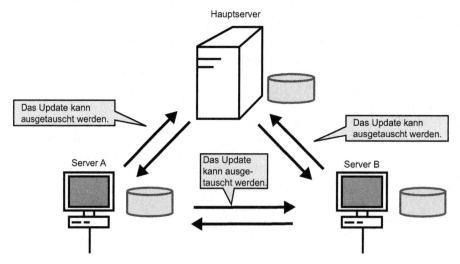

■ Replikation für die Aktualisierung aller Server

Weitere Anwendungsmöglichkeiten für Datenbanken

Abschließend werden weitere Anwendungsmöglichkeiten für Datenbanken vorgestellt.

XML

XML (Extensible Markup Language) wird auch als Methode zur Datenspeicherung benutzt. XML ist eine Sprache, in der Daten durch bestimmte Auszeichnungen voneinander unterschieden werden. Da mit diesen Auszeichnungen bestimmte Bedeutungen verknüpft sein können, ist diese Sprache auch für Suchoperationen sehr interessant.

XML verfügt über eine strikt strukturierte Grammatik, die die Programmierung leicht macht. Darüber hinaus werden XML-Dokumente in Textdateien abgelegt, was die Bearbeitung und den Austausch zwischen unterschiedlichen Plattformen erleichtert. Daher wird XML manchmal statt einer Datenbank zur Darstellung von Daten benutzt.

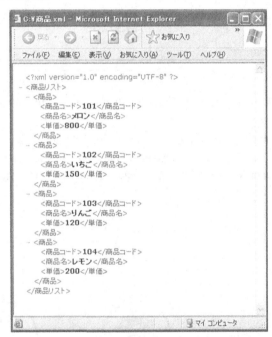

■ Beispiel für ein XML-Dokument

Objektorientierte Datenbanken (OODB)

Eine relationale Datenbank speichert Text in Form von Tabellen. Wenn man jedoch beispielsweise Bilddateien handhaben will, ist eine relationale Datenbank in der Regel nicht optimal dafür. Hier kommen die objektorientierten Datenbanken ins Spiel.

Bei der objektorientierten Methode nennt man die einzelnen Daten, auf die Bezug genommen werden soll, Objekte. Darüber hinaus ist in diesen Objekten festgelegt, wie mit den Daten operiert werden soll. Man kann auch die Daten verbergen und nur die Methoden für ihre Verarbeitung sichtbar machen. Man nennt dies auch Kapselung.

Jedes Objekt wird hier durch einen Bezeichner repräsentiert. Manchmal nennt man ein Objekt auch eine Instanz.

In einer objektorientierten Datenbank kann man zusammengesetzte Objekte, in denen weitere Objekte ineinander gefügt sind, verarbeiten. Beispielsweise kann man Informationen, die ein Bild und zugleich auch einen Text beinhalten, in einem einzigen Objekt kombinieren. Objektorientierte Datenbanken ermöglichen die flexible Handhabung komplexer Daten, auch anderer Informationen als Texte.

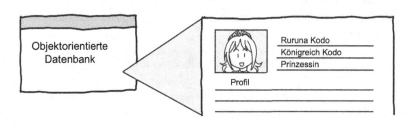

■ Objektorientierte Datenbank, Verarbeitung eines zusammengesetzten Objekts

In objektorientierten Datenbanken stehen verschiedene Konzepte zur Entwicklung effizienter Objekte zur Verfügung. Die Vorlage für das Erstellen von Objekten nennt man „Klasse". Nehmen wir an, wir haben eine Klasse „Äpfel" entworfen, dann können die Objekte Apfel A, Apfel B, Apfel C usw. sein.

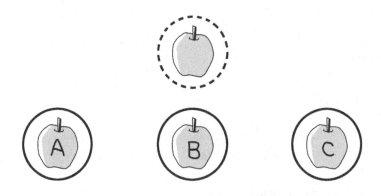

■ Objekte aus einer Klasse entwickeln

Außerdem kann eine Klasse hierarchische Beziehungen haben. Daten und Funktionen einer „höheren" Klasse können an eine „niedrigere" Klasse weitergegeben werden; durch das Hinzufügen einer einzigen Funktion entsteht eine neue Klasse. Die Weitergabe von Daten und Funktionen nennt man Vererbung. Zum Beispiel kann die Klasse „Obst" Daten wie „Apfel", „Orange" usw. vererben; es entstehen neue Klassen. Die Vererbung macht die Entwicklung neuer Klassen effizienter.

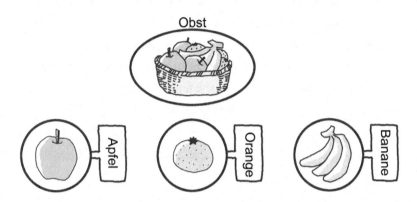

■ Klassen erben Daten und Funktionen

Zusammenfassung

- Die Drei-Schichten-Architektur ist eine Methode zur Konfiguration eines Systems.
- Eine Datenbank wird in der Datenschicht betrieben.
- Ein verteiltes Datenbanksystem handhabt auf mehrere Server verteilte Datenbanken.
- Ein Zwei-Phasen-Commit wird in einer verteilten Datenbank angewendet.

Lösungen

A1 Datenschicht

A2 Präsentationsschicht

A3 Sicher

A4 Commit oder Rollback

Abschließende Bemerkungen

Hat es euch Spaß gemacht, Datenbanken kennenzulernen? Wenn ihr tatsächlich eine Datenbank entwerfen und betreiben wollt, müsst ihr noch ein bisschen mehr lernen.

Aber die Grundlagen bleiben die gleichen. Was ihr bis jetzt gelernt habt, taucht an anderer Stelle vielleicht unter anderen Bezeichnungen oder in anderer Form auf. Wenn ihr aber die Grundlagen verstanden hat, könnt ihr die entscheidenden Daten in der realen Welt identifizieren und damit eine Datenbank entwerfen. Es wäre schön, wenn ihr auf der Grundlage des Gelernten noch mehr über Datenbanken lernen wolltet.

Anhang: Wichtige SQL-Ausdrücke

- Suche

  SELECT Spaltenname, ...

  FROM Tabellenname

  WHERE Bedingung;

- Nicht eindeutige Suche

  SELECT Spaltenname, ...

  FROM Tabellenname

  WHERE Spaltenname LIKE 'Muster';

- Sortieren

  SELECT Spaltenname, ...

  FROM Tabellenname

  WHERE Bedingung

  ORDER BY Spaltenname;

- Gruppieren

  SELECT Spaltenname, ...

  FROM Tabellenname

  WHERE Bedingung

  GROUP BY Spaltenname für Gruppierung

  HAVING Bedingung für gruppierte Zeilen

- Zusammenführung

  SELECT Spaltenname, ...

  FROM Tabellenname 1,Tabellenname 2, ...

  WHERE Tabellenname 1.Spaltenname=

  Tabellenname 2.Spaltenname

- Eine Tabelle erstellen

  CREATE TABLE Tabellenname (

  Definition der Zeile

  ...

  );

- Eine Ansicht erstellen

  CREATE VIEW Name der Ansicht

  AS SELECT Ausdruck

- Eine Tabelle löschen

  DROP TABLE Tabellenname;

- Eine Ansicht löschen

  DROP VIEW Name der Ansicht;

- Eine Zeile einfügen

  INSERT INTO Tabellenname (Spaltenname, ...)

  VALUES (Wert, ...)

- Eine Zeile aktualisieren

  UPDATE Tabellenname

  SET Spaltenname=Wert, ...

  WHERE Bedingung;

- Eine Zeile löschen

  DELETE FROM Tabellenname

  WHERE Bedingung;

Mathematik mit Spaß: Mathe-Manga!

Takahashi, Shin
Mathe-Manga Statistik
2009. X, 189 S. Br. EUR 19,90
ISBN 978-3-8348-0566-9

Statistik ist trocken und macht keinen Spaß? Falsch! Mit diesem
Manga lernt man die Grundlagen der Statistik kennen, kann sie in
zahlreichen Aufgaben anwenden und anhand der Lösungen seinen
Lernfortschritt überprüfen - und hat auch noch eine Menge Spaß dabei!
Eigentlich will die Schülerin Rui nur einen Arbeitskollegen ihres
Vaters beeindrucken und nimmt daher Nachhilfe in Statistik. Doch
schnell bemerkt auch sie, wie interessant Statistik sein kann, wenn
man beispielsweise Statistiken über Nudelsuppen erstellt. Nur ihren
Lehrer hatte sich Rui etwas anders vorgestellt, er scheint ein langweili-
ger Streber zu sein - oder?

Kojima, Hiroyuki
Mathe-Manga Analysis
2009. 290 S. Br. EUR 19,90
ISBN 978-3-8348-0567-6

Analysis ist trocken und macht keinen Spaß? Falsch! Mit diesem
Manga lernt man die Grundlagen der Analysis kennen, kann sie in
zahlreichen Aufgaben anwenden und anhand der Lösungen im Anhang
seinen Lernfortschritt überprüfen - und hat auch noch eine Menge
Spaß dabei!

**VIEWEG+
TEUBNER**

Abraham-Lincoln-Straße 46
65189 Wiesbaden
Fax 0611.7878-400
www.viewegteubner.de

Stand Januar 2010.
Änderungen vorbehalten.
Erhältlich im Buchhandel oder im Verlag.